本专著是天津市艺术科学规划项目《天津市博物馆国际性文化输出策略研究》
（项目编号：B14061；项目类别：一般项目）结题成果，
专著作者和项目负责人周健工作单位为天津城建大学。

天津市博物馆国际性文化输出策略研究

周健 著

天津社会科学院出版社

图书在版编目（CIP）数据

天津市博物馆国际性文化输出策略研究 / 周健著
. -- 天津 : 天津社会科学院出版社, 2020.6
ISBN 978-7-5563-0637-4

Ⅰ. ①天… Ⅱ. ①周… Ⅲ. ①博物馆－国际交流－文化交流－研究－天津 Ⅳ. ①G269.272.1

中国版本图书馆 CIP 数据核字(2020)第 090183 号

天津市博物馆国际性文化输出策略研究
TIANJINSHI BOWUGUAN GUOJIXING WENHUA
SHUCHU CELUE YANJIU

出版发行：天津社会科学院出版社
地　　址：天津市南开区迎水道 7 号
邮　　编：300191
电话/传真：（022）23360165（总编室）
（022）23075303（发行科）
网　　址：www.tass-tj.org.cn
印　　刷：北京盛通印刷股份有限公司

开　　本：787×1092　毫米　1/16
印　　张：18
字　　数：210 千字
版　　次：2020 年 6 月第 1 版　2020 年 6 月第 1 次印刷
定　　价：58.00 元

目 录

第一章　博物馆国际性文化输出概念界定

世界多极化格局逐步形成并且不断稳固，与此同时世界经济全球化也在纵深和广度上不断进展，世界各个国家的综合国力不但体现在政治话语权和经济实力方面，也体现在一个国家的文化软实力上。文化软实力的影响、作用和地位越来越重要、越来越突出。国际社会普遍存在一种关于一个国家文化发展水平的描述方式：一流国家输出文化，二流国家输出人才，三流国家输出产品。[①]作为四大文明古国之一的中国，拥有绵延五千年的光辉灿烂的历史，中华文化源远流长、博大精深。对于中国来说，发展经济、改善民生的同时，也急需加强自身文化软实力的建设和发展，从而使中华文化在世界舞台上绽放应有的光彩和魅力，并在国际社会上发挥一定的影响力。西方文化，特别是欧美文化，在世界范围不断对外输出，从而进行文化渗透，在这一背景下，中国要对中华文化的国际性输出进行深入思考并且给予高度的重视。同时还要思考如何以国际性输出推动中华民族文化精粹的保护、继承、发展、弘扬，选取更为强势的文化输出战略，使中华民族的文化传统在更为广

---

① 时亚梅.中国文化输出的必要性与对策探析[J].理论观察，2014(4)，60－62.

大的世界舞台上发挥更大的影响和作用，展现中国作为文化大国应有的风范和风采。

《国家“十二五”时期文化改革发展规划纲要》中提到：推动中华文化走向世界的文化开放格局，推动文化产品和服务出口；深入挖掘民族文化资源，充分运用高新技术手段提升我国文化产品的表现形式和质量，开发国外受众易于接受的文化产品和服务。①

《国家“十三五”时期文化改革发展规划纲要》也提到：世界多极化、经济全球化、文化多样化、社会信息化深入发展，综合国力竞争日趋激烈，迫切需要提高文化开放水平，广泛参与世界文明对话，增强国际话语权，展示中华文化独特魅力，增强国家文化软实力。面对新形势新要求，要进一步坚定文化自信，增强文化自觉，奋力开创中国特色社会主义文化建设新局面，为做好党和国家各项工作提供强大的价值引领力、文化凝聚力和精神推动力。②

随着中国的崛起，大国地位的提高，中国的文明、文化、价值可以怎样去影响世界，中国能向世界输出怎样的文化，如何推广中国文化和中国形象，这是值得思考和研究的重要问题。

一　文化输出的定义

以文化为内容和对象的文化交流方式，自古有之，但是将“文化输出”作为一个专业术语而明确提出，在中国最早是由北京大学

① 中共中央办公厅，国务院办公厅. 国家“十三五”时期文化发展改革规划纲要[OL].(2017—05—07)[2019—07—01]. http://www.gov.cn/zhengce/2017—05/07/content_5191604.htm

② 前引《国家“十三五”时期文化发展改革规划纲要》。

校长蔡元培于1921年提出的。文化输出，是指一个国家为了达到某种目的主动而有意识地将其传统的价值观传播给甚至是加强于其他国家的过程。[①] 文化输出是一项涉及众多方面的国家文化工程，包括翻译、出版、影像制作与文化传播等在内的全方位、具体化、深度化的文化实践。文化输出是文化精神、文化形象与文化生活的输出，而不是满足于肤浅的表面繁华与感官的惊艳猎奇。[②]

二　博物馆国际性文化输出的定义

博物馆作为文化传播和公众服务的重要主体对一国或一地的文化进行梳理，是文化传承与延续的重要基地，面向公众开放，并向公众传播该国或该地的历史、传统、文化、艺术、科学等知识。博物馆文化传播的对象广泛而多样，不仅涵盖本国或本地社会公众，而且也涉及外国或外地社会公众。博物馆这一文化传播对象的特征，凸显了其作为文化输出的重要阵地和有效媒介的作用。由此可以引出“博物馆国际性文化输出”这一概念。

目前，我国海外文化交流机构的规模和影响力不够大，文化输出的主体较弱。而我国国内博物馆的文物、展览、文创产品等拥有一定竞争力，可在世界舞台中与西方文化强国竞争话语权。因而，对外文化输出可以从博物馆入手，这对向世界推广中国文化和树立中国形象会是一种有效的传播途径和传播媒介。

博物馆国际性文化输出，是指以博物馆作为文化输出的主体，

---

① 龚滟．论美国文化输出战略[J]．燕山大学学报(哲学社会科学)，2003(3)，63－67．

② 王岳川．文化输出：重返世界的中国话语[OL]．王岳川工作室，(2019－02－01)[2019－07－01]．http://www.jinciwei.cn/k535854.html

将中国文化的精髓，通过特定的媒介或者以某种特定的方式输送、渗透给外国社会公众，包括在地参观外国社会公众和非在地的相关联外国社会公众。①

从此定义可以看出，可按输出方式将博物馆国际性文化输出分为被动国际性文化输出和主动国际性文化输出。前者指博物馆借助某种媒介或者通过某种特殊方式，将中国文化中最核心的精粹部分针对在地参观的外国社会公众进行传播、传输、渗透；后者指博物馆借助某种媒介或者通过某种特殊方式，将中国文化中最核心的精粹部分针对非在地的外国社会公众进行传播、传输、渗透。

三 博物馆国际性文化输出的意义和目的

博物馆国际性文化输出，并非只是博物馆一方积极努力的方向，更是整个中华民族努力的目标，因此博物馆国际性文化输出需要以国家文化战略的高度来审视。世界文明和文化因丰富多彩而绽放美丽，在文化多样性的国际社会背景下，将中国文化推介到世界舞台，在全球范围内树立中国形象、呈现中国话语，不仅有利于中国文化的国际性输出，而且站在全球视角更是有利于保护世界文明的多样性，维护各个文化自身的进一步发展，有助于世界不同文化和文明之间开展对话与进行交流合作，有助于世界文化的繁荣发展。

---

① 李博雅，岳敏静. 文化输出的功能与发展探索——以博物馆为阵地[J]. 文博，2015(1)，65－70.

不能简单地把博物馆国际性文化输出理解将中国文化传播到外国，而需要将博物馆国际性文化输出视作国家文化发展的战略高度层面，博物馆国际性文化输出具有重大而深远的意义，可以概括为四个层面。第一，对于博物馆国际性文化输出内容的选择要从人类文明共性的视角出发，首要着重于能够体现人类发展成就、人类共通价值观的中国文化部分，这样做有助于各个国家共同建设属于全人类的精神文明。第二，人类文化是多层面、多维度的，不单是指西方文化，还包括东方文化，而中国文化在其中发挥着重要作用并具有重要意义。第三，通过文化输出，可以实现不同文化之间的对话，从而达到不同文化相互交流和借鉴的目的。第四，尽量寻求最大限度地减少文化误读，进而获得他国善意而充分的理解。

这就要求博物馆在进行国际性文化输出时，要特别注意输出内容和输出形式。博物馆国际性文化输出，要平衡和权衡中国文化的特色和个性以及人类文明和文化的共性，从而体现中国博物馆文化特有的民族性以及世界博物馆文化共享的世界性，又要兼顾并综合考虑对于中国传统文化精粹的继承和延续以及中国现当代文化新发展的弘扬和展现，从而增进世界文明不同文化之间的互相理解，达到中西文化之间多领域、全方位、深层次的对话与交流。博物馆这种国际性文化输出，既涉及中国文化在对外输出过程中的自我反思和自我选择，又涉及中国文化与他国文化的互动和交流。通过东西方文化之间的对话和互动，实现不同文明、文化、精神、价值的相互理解和相互融合，但又同时保持各自文化的自我特性和不同特质，进而达到重新构建中国形象的目的，保持良好的世界文明和文化生态。

总的来说，博物馆国际性文化输出有四个主要目的。第一个目的是，重新构建世界文明价值观和文化生态体系。西方单维时间观是现今衡量价值观和世界观的主要标准，而用此标准来衡量中国文化的价值论和境界观并不恰当，也不合适。因而通过博物馆国际性文化输出，能够宣传和普及中国文化的价值观和世界观，为世界文明价值观和文化生态体系带来新的要素和参考，实现世界文明价值观和文化生态体系多样性和谐发展。第二个目的是，维持并保护世界文明和文化的多样性和差异性。通过博物馆国际性文化输出，对外宣传介绍中国文化，增加他国对中国文化了解的机会，扩大他国对中国文化领悟的广度，加深他国对中国文化理解的程度，尽量减少他国对中国文化不必要的误读，甚至消除和避免对中国文化的误读，从而加强中西方文化对话和交流中的特殊性和差异性，实现世界文明和文化的和谐共存、百花齐放。第三个目的是，实现人类文明和文化的多元性以及和谐并存。世界文明和文化交流和对话中的霸权依旧存在，不同文明和文化在对话和交流中拥有的话语权不尽相同，普遍存在话语权不平等的情况。通过博物馆国际性文化输出，弘扬中国文化的精髓，展现东方文化的魅力，对维护人类文明和文化的多元共存至关重要，有助于构建和谐共生、丰富多彩的世界精神生态文明体系。第四个目的是，全人类共建共享世界文明和文化。博物馆国际性文化输出，从他国视角来看，可能是发现中国、发现东方，从中国本国视角来看，可能是积极主动、带有明确目的的文化输出。不管是从他国视角来看，还是从中国视角来看，博物馆国际性文化输出都不是在搞东西文化对立、搞东西文明对抗，也不是中华民族为了达到自身民族利益而开展的文化对外宣扬。博物馆国际性文化输出是立足于全人类和全世界，基于全人类共同利益，共享各国文化精髓，共建世界文明和文化。

四　博物馆国际性文化输出的层次

从文化功能定位和文化输出效果来看，博物馆国际性文化输出包括三个层次，即信息层次、知识层次、文化层次，三个层次由浅入深、逐层深入。博物馆国际性文化输出的第一个层次是信息的输出，第二层次是知识的输出，第三层次是文化的输出。[①]

第一层次的输出中，博物馆所发挥的功能和起到的作用是最基本、最为基础的，也就是为前来参观的社会公众提供最原始、最粗浅的基本信息，激发观众对某些文物或某一展览的某一部分的兴趣，引起观众一定的关注，给观众留下些许印象，这就达到了最基本的三流的文化输出效果，即信息输出。

第二层次的输出中，博物馆对馆藏珍品进行整理筛选，选取某一展览主题，拟定展览大纲，进行展览设计和展品陈设，将文物实物结合文字形式在某一特定空间以某一特定陈列方式，呈现给前来参观的社会公众，让观众有机会亲身观看、近距离接触文物，并读取相关信息，观众可以结合自身已有知识，对获取到的信息进行筛选、加工、处理，并可以以获取到的信息为基础开展进一步的学习和研究，并进行更加深入的分析和思考，最终实现将已获取的信息转化为自有知识来充实自己，这就达到了更高一层次的二流的

① 李博雅，岳敏静．文化输出的功能与发展探索——以博物馆为阵地[J]．文博，2015(1)，65－70．

输出效果，即知识输出。

第三层次的输出中，博物馆在展品陈设和展览设计中会采取更加多元化的手段和多样化的介质，利用如多媒体、互联网、手触屏、沉浸式虚拟现实（VR）体验等先进的现代化技术和手段，为前来参观的社会公众提供更为优质的参观体验感受。观众通过参观可以获得精神需求的满足、文化的切身体验，进而建立新的认识和观念，甚至刷新或改变其旧有的认识和观念，形成新的认知体系，产生强烈的情感共鸣，这就达到了最高层次的一流的输出效果，即文化输出。

综上所述，博物馆承担着不同的三个层次的文化输出功能和作用，这三个层次的功能和作用相辅相成，相互交织，互相融合，不分彼此。在博物馆国际性文化输出的路径中，必然以信息的传递为起点，以文化的渗透和传播为终点，文化输出的受众通过参观展览，受到教育和启迪、获取信息、切身体验文化、亲身感知文明。

从文化输出的高低层次来看，上述第三层次的博物馆国际性文化输出可再细分为三个层面，即实用文化、艺术文化、思想文化。[①] 第一个文化层面实用文化，是指最浅层、最底层的人民群众日常生活中涉及的文化内容，也就是器物类工艺层面的中国文化。具体来说，中国文化中的器物包括瓷器、玉器、漆器、丝织品等。这些器物和工艺都是物质形态的，而非精神层面的，都只是徘徊、滞留于实用性文化上，对于中华民族独特的风土人情的对外传播大有裨益，但这一层面的文化传播和文化交流只是停留在表面，较为肤浅。第二个文化层面艺术文化，是指较高一层的中国艺术文化，

---

① 前引《重返世界的中国话语》。

中国艺术文化主要是指书法、绘画、戏曲、文学作品等形式的艺术作品。第三个文化层面思想文化，是处于最上面一层的文化层面。

博物馆国际性文化输出，不能只是满足于最浅层的实用文化层面的国际性输出，不能只是器物、工艺、民俗、民情等一般浅层次的文化输出。博物馆国际性文化输出，只有当其涉及并深入到更深层次的艺术和思想文化传输时，才能对文化输出受众的神经和思想产生震撼和触动作用，才能深入文化输出受众的文明内部。目前中国博物馆国际性文化输出中最匮乏和最缺少的是中、高层次的艺术文化的国际性输出和思想文化的国际性输出。博物馆国际性文化输出中除文物专题展览输出形式外，还要注重展品间文化信息的逻辑性，挖掘中国文化的深层内涵，形成更多高品质的文化主题展览。

五 博物馆国际性文化输出的内容

基于博物馆国际性输出的意义和层次，博物馆国际性文化输出的内容，要平衡和权衡中国文化的特色和个性以及人类文明和文化的共性，从而体现中国博物馆文化特有的民族性以及世界博物馆文化共享的世界性，又要平衡和权衡中国传统文化的精髓和传承以及中国现当代文化的发展和弘扬。具体来说，博物馆国际性文化输出要选取中国传统和当代文化中最为精华、最为优秀、最为独特、最具渗透力的部分，在凸显中华民族文化特征和鲜明的民族特色的同时，也要考虑中西方文化和价值观所存在的差异和不同，寻求中西方文化和价值观中的共性部分，考虑不同文化和教育背景的外国社会公众对外来异域文化和文明的接受能力和接受程度，精心策划并开发易于为外国受众所理解和接受的展览和文创产品。

六 博物馆国际性文化输出的形式

前文界定博物馆国际性文化输出时提到，按输出方式可将博物馆国际性文化输出分为面向在地参观的外国社会公众的被动国际性文化输出和面向非在地的外国社会公众的主动国际性文化输出。

不管是被动国际性文化输出还是主动国际性文化输出，博物馆国际性文化输出模式，总体来说主要分为两大类。一是面对面模式，二是间接模式。

1. 面对面模式

面对面模式，是指传统的展览模式，也就是观众直接面对文物实体和文物信息的模式。对于被动国际性文化输出来说，面对面输出模式是指在地参观的外国社会公众自发地到博物馆场馆内参观展览。对于主动国际性文化输出来说，这类面对面输出模式是指博物馆将展览和馆藏直接输出到国外，积极主动地送到外国社会公众的家门口供其参观。

面对面模式的特点是直接性、真实性，但此种模式的输出受众范围和数量都会受到一定的限制。在面对面模式下，参观观众能够直接地面对实实在在的文物，能够近距离地对文物实体进行细致入微地观察和欣赏，感受文物实体带来的艺术熏陶。另外，在展厅这一特定的参观情境下，参观观众拥有更强的自主能动性，享有互动参与的机会，展览中的展牌上的文字说明，配合以讲解员声音形式的讲解，有助于观众将自己所需要的信息摄入脑中。

在面对面模式中，输出效果好坏的影响因素是展陈形式设计以及语音讲解水平。展览大纲中对展览主题进行明确后，还进而列出展品以及相配合的文字说明和介绍。展览大纲的内容尽量地丰富翔实，所涵盖的信息单位尽量的多，内容涉及领域尽量地广、面尽量地宽，展陈形式设计尽量地丰富多样多变，展览就更加容易被观众接受，与观众之间产生更加顺畅的交流互动。随着科技的进步，伴随着大众的美学修养和审美鉴赏能力的提高，展陈形式设计的水平也越来越高，更加重视展品的科学化陈列布局，更加突出展品陈列的艺术感和美观性，更加强调展品、展览与参观观众的互动环节的设置，力求打造适宜舒适的参观环境，使参观观众能够在最佳的光线下、最佳的角度来欣赏文物，为参观观众呈现一场视觉盛宴，也是一场美的享受与体验。

另一方面，语音讲解能够达到辅助观众参观展览的目的，通过这一最直接的方式，观众可以更加有效地与博物馆陈设的展览进行沟通和交流，从而达到观众最佳的参观效果。语音讲解不但需要讲解员具备较高的演讲水平和讲解技能，更重要的是需要讲解员对展览所展示的文物拥有全面、详细、深入、系统的认识和了解，需要讲解员具有范围更加广博的相关的文物、博物、历史、文化、人文知识背景，并且需要讲解员以更加宏观、整体和全局的视角来看待和把握整个展览的展陈内容和展陈形式。讲解员语音讲解所使用的语言要做到简单明了、通俗易懂，易为普通观众所理解和接受，只有这样才能将展览中所陈列的文物介绍给观众，将文物相关信息更好地传达给观众。在一些场合下，讲解员还要与观众进行互动，对观众针对文物或讲解提出的问题和疑问进行解答。

2. 间接模式

间接模式，有别于传统的面对面展览模式，在展览受众与文物实体和文物信息之间插入了某种媒介，因而展览受众与文物之间是间接关系，而非直接关系。展览受众与文物实体和文物信息之间所插入的媒介，又因介质的不同可进一步细分为：平面媒体、电视媒体、网络媒体。所以，间接模式可以细分为三种子模式：即："受众—平面媒体—文物实体和文物信息"模式、"受众—电视媒体—文物实体和文物信息"模式、"受众—网络媒体—文物实体和文物信息"模式。[①]

间接模式的特点是间接性，即受众对文物实体相关信息的获得需要通过某种渠道和途径，并非直接与文物实体面对面而直接获取信息。该种模式下，文物信息的受众面更宽、受众人数更多，而且受众获得文物信息可以不受空间、地域、环境、时间等客观条件的限制和约束。但此种模式下，受众如若要获取文物信息，必须要借助某种中间媒介，因而与直接模式相比，间接模式下受众获取文物信息略显被动。间接模式中，中间媒介的主动性较大，因而中间媒介的功能大小、功能好坏、作用的发挥与否、作用的发挥限度等因素都会影响并决定受众对于文物实体的认知程度，以及文化输出效果的好坏。

这种间接模式既适用于被动国际性文化输出，也适用于主动

---

① 胡雪峰.浅析博物馆的文化传播模式[J].安徽电子信息职业技术学院学报，2007(1)，12—13.

国际性文化输出。不论博物馆国际性文化输出的对象是在地参观的外国观众，还是身在海外的社会公众，他们均有机会通过各种媒介、途径、渠道了解博物馆的文物和展览信息，而相比面对面模式，外国社会公众通过间接模式了解博物馆文物和展览信息的机会更为广泛、更加灵活。因而，对各种媒介方式加以合理充分的利用，通过间接模式开展博物馆国际性文化输出显得尤为重要。

(1)展览受众—平面媒体—文物实体和文物信息

“展览受众—平面媒体—文物实体和文物信息”这一间接模式中的平面媒体，是指通过书写或印刷方式来实现信息的展示和传递的这类传统媒体。这类传统媒体展示和传递信息的方式和手段不是多维的、立体的，而是单一的、二维的。常见的平面媒体包括：印刷品、宣传小册子、海报、报纸、杂志等。平面媒体的概念与立体媒体相对存在。立体媒体是指电视、互联网等媒体形式，通过多角度、多维度对人的多种感官进行刺激和激发，从而达到传递信息之目的。平面媒体的特点和优势在于便于携带、成本相对较低。使用平面媒体间接模式来进行博物馆国际性文化输出时，需要特别注重对文物所进行的文字描述和表述方式，因为读者主要是通过平面媒体上的文字来获取文物和展览信息的，文字质量高低、表意是否清晰、介绍是否全面深刻到位，都会对文字读者造成直接且关键性的影响。除了文字外，平面媒体也含有文物或展览的相关图片，影响图片传播效果的主要有图片的像素高低、拍摄角度、色彩对比度等因素，这些也会对读者接收效果产生较大影像。而平面媒体整体视觉效果如何，还会受到其他多种因素的影像，如：文字和图片的排版、纸张质量、印刷技术等。因而平面媒体整体视觉效果强弱受多方面因素制约，这些都会直接作用于传播受众领会了解内容的多寡、程度的深浅。平面媒体中即使以画面为主，对文物进行多角度展示，但仍不如立体媒体的传播和展示更加多维、透彻、完整。

(2)展览受众—电视媒体—文物实体和文物信息

“展览受众—电视媒体—文物实体和文物信息”这一间接模式中的电视媒体，属于与平面媒体相对的立体媒体。随着社会和经济的发展，人民的物质生活极大丰富，而对精神生活的需求也在增加、要求也在提高，广大人民群众除了通过电视获取社会新闻类信息、观看休闲娱乐类节目，还有另一个更为重要的目的，就是学习，寻求视野的扩展、知识的丰富、精神的满足、境界的升华。同时，电视媒体需要不断适应社会的变化和人民的需求，充实创新节目内容，履行其有义务承担的社会教育这一职能。电视媒体将文物所承载的历史文化典故以故事的形式讲给电视观众，借助电视媒体特有的呈现方式使文物活灵活现。文物不再只是博物馆展厅中静止不动的摆件，电视观众能够感受到文物鲜活的文化气息。

近年来，介绍博物馆藏品、介绍文物知识、介绍文物鉴赏知识类的电视节目应运而生、屡见不鲜，而其中又不乏精品。有的文博探索节目将纪录片和综艺节目这两种电视创作形式和创作手法进行有机结合和综合运用，创新了电视节目的表达方式和表达形式，用综艺节目的形式进行外部包装，用纪录片的叙述方式进行内容呈现，这两种外在形式协调一致地对文化这一核心内容予以展现，形成有机统一的整体。这类文博探索类节目立足于中华文化瑰宝，从历史和文化的高度，通过文物的前世今生，站在中华文化历史长河的视角和高度，整理文物所承载的人和事，建立文物与历史人物的关系，建立文物与历史事件的联系，透过实体的文物阐释抽象的中华文化，缩短电视观众与文物、与历史、与传统文化的距离。这类文博探索类节目能够产生良好的社会效应和传播效果，在较为广泛的范围内、以较大的程度激发社会公众对于博物馆和文物的兴趣和热情，社会公众通过来到博物馆参观，在展厅中近距离观赏文物，得到审美体验的同时，可以进而了解文物本身所蕴藏的丰富文化意义以及文物对于中华文化的传承，进而引发社会公众对于文物保护、文明延续的关注和重视。

对于博物馆及其相关文物进行推介和介绍的电视媒体节目通常都是音配画，既有画面，又有解说，既有文物，也有故事，直观、形象、生动、立体地将文物呈现给观众，能够达到较好的视觉效果。但电视媒体这一间接模式的不足之处在于没有时间的延续性，而且由于受时间限制，节目时间一般不会太长，而且内容通常较为浓缩。

(3)展览受众—网络媒体—文物实体和文物信息

"展览受众—网络媒体—文物实体和文物信息"这一间接模式中的网络媒体，属于与平面媒体相对的立体媒体。互联网不受时间和空间的限制，不受地域和国界限制，人们可以足不出户而纵览天下事。网络媒体这一间接模式的特点是信息全覆盖，信息量大，通过搜索引擎能够便捷而快速地检索信息，各种类型和形式的信息均容易保存。在网络媒体这一间接模式中，信息与信息受众之间皆可以产生较强的互动性，而且交互效果和实效性较好。因网络媒体这一间接模式不受地区、时间和空间的限制，因而其传播受众覆盖面广泛，涵盖各个国籍、民族、种族、阶层、年龄、职业等。

现今大多数国内外博物馆都建立了自己的官方网站，通过网络对外实时发布本馆动态、公布展览信息、介绍馆藏精品、设置网上展厅、推介文创产品等，并对各类信息进行及时更新。通过网络这一媒介，博物馆使自己的馆藏文物“运动”起来，自由而快速地达到世界上的每一个被网络所连接的地方和角落。不仅是博物馆自有官网，任何媒体都可以通过网络发布有关博物馆文物、展览和各类活动的相关信息，受众只要通过任何方式能够连接到互联网，便可对各种博物馆相关信息一览无余。

3. 面对面模式与间接模式相结合

综上所述，博物馆国际性文化输出中要将面对面模式和间接模式结合起来，综合运用平面媒体以及电视和网络立体媒体，将多种传播模式优势形成互补，最终促成博物馆国际性文化输出多维立体效应的形成。随着博物馆国际性文化输出时间的变更、空间的变化、受众群体的改变，需要随之对博物馆国际性文化输出模式进行调整，以适应不同时间、空间、受众群体的特点和需要，从而发挥各种文化输出模式的优势，达到博物馆国际性文化最佳输出效应，将博物馆馆藏文物所承载和蕴含的悠久的历史和灿烂的文明以多种角度和适当深度，通过众多点、线、面展示来全世界。

博物馆被动国际性文化输出中，博物馆向在地参观的外国观众，并通过他们向与其关联的外国社会公众输出中国文化。博物馆主动国际性文化输出中，博物馆主动出击，将中国文化的精髓直接输出到外国，推介给非在地的外国社会公众。不论是博物馆被动国际性文化输出，还是博物馆主动国际性文化输出，这种文化输出类型均可综合运用面对面模式和间接模式。

面对面模式中主要借助对外展览，展览中要有英文展品和展览说明和介绍。面对面模式所借助的对外展览，可分为文物专题展览和文化主题展览两大类别。文物专题展览是指以展示某一类别文物的历史价值、艺术面貌和特点为目的的展览。文化主题展览是指围绕某一历史年代或文化主题而展示一系列相关文物的展览。文物专题展览所陈列展示的文物具体较高的观赏价值，对观众形成较强的视觉等感官上的冲击，因而对社会公众的吸引力较强。文物专题展览策展周期一般较短，策展具有较强的灵活性，布展过程也相对简单方便。但文物专题展览所蕴含的与文化相关的主题特征不够凸显，展览中所展示的各个文物之间文化和精神层面的逻辑联系关系较弱，因而这类展览深度有限，不利于引导外国公众较为详细、系统地了解器物背后的深厚文化。文化主题展览，需要从不同层面、不同角度挖掘自身文化的内涵，编写精彩纷呈的讲解介绍，能够帮助外国公众更为深切地了解文物所蕴含的深刻文化内涵。博物馆国际性文化输出中除文物专题展览输出形式外，还要注重展品间文化信息的逻辑性，挖掘中国文化的内涵，形成更多高品质的文化主题展览。

博物馆被动国际性文化输出中的展览是指博物馆通过在自身场馆内部面向可能来参观的外国公众展出体现中国文化精髓的英汉双语展览，并为其提供英汉双语解说。此类展览可供在地的外国来访观众参观，亲身感受中国文化的博大精深，但文化输出的受众范围有限，而且博物馆只能被动地坐等外国公众前来参观才能达到国际性文化输出的目的。

博物馆主动国际性文化输出中的展览是指博物馆以国际巡

展、借展、联合展、交换展等办展方式主动将展览搬到外国观众所在地，以英语作为展览语言，向外国公众展现能代表中国文化精髓的馆藏精品，使外国公众不必走出国门即有机会感受中国文化，但此类展览对策展的要求较高，所需人力物力亦较多。

间接模式中可以借助英文宣传手册等平面媒体也可以借助立体媒体。电视媒体中主要的文化输出方式是英语电视宣传片、英语文物纪录片。网络媒体中主要的文化输出方式是英语网站。

博物馆通过英语网站提供有关展览、馆藏资源、文物的全方位信息。网站信息可供身处世界各地的外国公众了解展览信息，通过体现中国文化精髓的文物的图片和详细介绍信息、讲解音频、视频、三维文物展示、虚拟展厅参观等间接了解中国文化。网站中除了用英文提供有关博物馆动态、展览、馆藏文物精品、文创产品等文字信息外，还可以对文物以三维文物赏析的形式呈现出来，以多角度、高清晰地展示任意角度和精度的文物细节，达到更加直观的传播效果。博物馆官方网站可以专门设置虚拟展厅这一栏目，充分利用先进的多媒体和数字技术对展品、展览和展厅进行全方位多维度的展示和呈现。通过各类前沿的、新奇的计算机技术和多媒体技术，吸引网络参观群体，从而实现既有趣味性而且高效丰富的人机交流互动方式。数字化虚拟展厅充分融合利用各种各样的高新科学技术，使虚拟展厅充满丰富的文化内涵，具有独特的吸引力，对音频、视频、动画等各类媒体形式进行有机统一地利用和组合，对展品所承载的丰富文化意义和文化内涵开展深层次发掘，从而给网络参观群体带了充满高科技感的视觉听觉的多维冲击。这种形式的文化输出的受众范围更为广泛，但存在较大不可控因素，而且因网站的开放性实际浏览网站的外国公众的数量很难准确统计。

文创产品亦是博物馆国际性文化输出的重要媒介。不管是面对面模式,还是间接模式,均可借助文创产品进行国际性文化输出。文创产品可以在博物馆随展览进行实体展卖,也可以通过网络进行线上展卖。在观众面对面前来参观或通过间接模式了解展览和文物之前,可以通过文创产品引发观众的兴趣和关注。在观众面对面参观或通过间接模式了解展览和文物之后,可以将馆藏精品以文创产品的形式带回家。在博物馆被动国际性文化输出中,博物馆所开发设计的文创产品可作为纪念品被外国观众带回本国或作为礼物送给其外国朋友。在博物馆主动国际性文化输出中,文创产品随着展览直接输出到外国供外国观众购买,作为个人收藏纪念或作为礼物送给其外国朋友。文创产品比较注重文化内涵的体现,通过文创产品这一载体,可以延续文物藏品的生命,传递博物馆的文化信息。对于博物馆被动和主动国际性文化输出,文创产品都是通过口口相传的方式扩大中国文化的传播范围。这种中国文化输出形式以实物为媒介,而且口口相传的方式具有较强的可信性,从而能够达到更好的中国文化输出的效果,中国文化输出的受众范围也较为广泛。另外,文创产品的种类丰富多样,可满足各类外国观众的不同需求。而且,随着海外网络购物的普及和便利,文创产品亦可借助网络实现博物馆国际性文化输出的目的。

七　博物馆国际性文化输出的对象

博物馆国际性文化输出对象的辐射面,既要兼顾地理位置临近的国家和地区、也要兼顾地理空间距离较远的国家和地区，既要兼顾文明文化接近的国家和地区、也要兼顾文明文化差异较大的国家和地区。博物馆国际性文化输出的对象主要涵盖日韩等亚洲国家、欧美等主流文化，也要兼顾非洲、中东等国家和地区。博物馆国际性文化输出时，要正确定位目标观众群体，考虑主要受众的社会地位、教育背景、社会影响力等因素，输出对象主要面向外国主流社会，以外国政要、社会名流等文化素质较高的人为主要受众，同时兼顾当地海外华侨这一主要受众，而且要尽量吸引当地主流媒体的关注。

第二章　博物馆国际性文化输出策略调研

博物馆国际性文化输出策略的调研目的旨在基于较为广泛全面的调查研究，为天津市博物馆国际性文化输出策略提出可供参考的政策依据以及具体实施方案。因而，博物馆国际性文化输出策略调研所选取的调研对象均为大型综合性博物馆，且从三个层面进行调研，即国外知名博物馆、国内国家级和省级博物馆以及天津市综合博物馆。具体调研对象为：国外两个世界级博物馆——大英博物馆和大都会艺术博物馆；国内四个博物馆——故宫博物院、中国国家博物馆、上海博物馆、台北故宫博物院；天津市两个主要同类型博物馆——天津博物馆、天津美术馆。

博物馆国际性文化输出策略调研的主要形式和方法包括通过网络收集信息，主要通过博物馆的官方网站以及各大媒体和文博系统相关网站，到国内和本市相关博物馆进行实地参观、走访相关部门负责人，对相关文献材料进行研究，等等。

博物馆国际性文化输出策略调研的主要内容是各个博物馆的国际性文化输出策略中的主要政策机制和博物馆国际性文化输出的主要形式。本调研的第二方面重点是针对各家博物馆国际性文化输出中的对外展览和文创产品两个方面展开进行。博物馆文创产品又具体可以分为有形产品和无形产品两种类型。有形文创产品是指以博物馆标志、博物馆场馆建筑物本身、博物馆馆藏文物精品等具体有形实物为基础而设计开发的博物馆文创产品。无形文创产品是指并非以实体形式投入市场进行销售的博物馆文创产品，这类无形产品可以包含博物馆举办的与展览、文物、文博、文化、社会教育、社会服务相关的各类活动以及博物馆所提供的与展览相关的各类服务。本研究所开展的调研中的对外展览部分属于博物馆无形文创产品的范畴，而本调研中的文创产品是特指博物馆有形文创产品。二者均为博物馆国际性文化输出的主要形式。

一　欧美主要博物馆国际性文化输出策略调研

1. 大英博物馆

大英博物馆（British Museum）始建于 1753 年，是目前世界上历史最悠久、规模最大的综合性博物馆之一。

（1）国际性文化输出策略

大英博物馆致力于向遍布在世界各地的观众分享其所拥有的 800 万余件丰富多样的藏品，并为此开发出涵盖范围广泛的全球巡展和借展项目。每年均有大量的藏品以临展的方式在英国以外的世界各地的博物馆和美术馆展出，大英博物馆的全球合作伙伴所在地的观众均有机会近距离接触大英博物馆的藏品。

大英博物馆的合作伙伴包括：北美洲的美国、加拿大和墨西哥；亚洲的韩国、中国、日本、新加坡、印度、阿联酋和卡塔尔；大洋洲的澳大利亚,欧洲的西班牙、德国、瑞士、荷兰和俄罗斯。其合作伙伴遍布全球各大洲,涵盖世界各大洲的大部分国家和地区,而且涉及各种不同文化、历史、宗教背景的大部分国家,并以此为全球合作伙伴为平台进一步拓展其国际性文化输出的渠道。

大英博物馆以其官网(www. britishmuseum. org)为主要渠道与平台,以英语、德语、西班牙语、法语、意大利语、俄语、汉语、日语、韩语九个语种向世界各地的观众宣传其展览、藏品等。

(2)对外展览

目前,大英博物馆的全球巡展和借展主要包括如下展览:新奇的野兽:动物绘画(Curious Beasts: Animal Prints)、历史与艺术中的马(The horse in history and art)、中世纪欧洲(Medieval Europe)、人类形象(The human image)、罗马:城市与帝国(Rome: City and Empire)、古代希腊(Ancient Greeks)、影响的艺术:亚洲的政治宣传(The art of influence: Asian propaganda)、基塔伊绘画(Kitaj prints)、毕加索绘画(Picasso prints)、世界文化珍宝(Treasures of the World's Cultures)、百件展品读懂世界历史(A History of the World in 100 Objects)、法老:埃及之王(Pharaoh: King of Egypt)。大英博物馆可供全球巡展和借展的一系列展览中展品涉及范围广泛,涵盖各国文化,主题丰富多样,涉及文化、历史、艺术、绘画等。展览多以人类文明为切入点,追溯人类文明的起源,寻求各国文化间的共性,展示人类祖先灿烂的古代文明和历史以及人类共同的文化历史遗产。

(3)文创产品

大英博物馆早在1973年就已经专门成立了文创产品公司,该公司的运转和经营独立于大英博物馆,公司的主要业务范围是设计和开发大英博物馆展览和文物相关书籍以及文创产品,还包括书籍和文创产品的销售零售。大英博物馆收入主要来源渠道之一就是这一产品公司,该文创产品公司销售经营前景光明,具有进一步发展业务的潜力和实力,文创产品的开发设计具有较好的发展空间。目前大英博物馆场馆内共设有4个固定商店,营业面积共3000平方米,年销售收入为800万英镑。大英博物馆馆内商店所销售的文创产品和书籍中大部分都是由大英博物馆从该产品公司直接购入,而产品公司负担产品开发设计过程中所产生的设计费用以及生产制造过程中所产生的制作费用。

大英博物馆对于文创产品的设计开发主要采用两种模式开展进行。一种模式是文创产品公司下属的设计部门专门聘请的九位全球采购商共同负责文创产品的开发和设计,或者在世界范围内寻找产品设计方案,并进而联系公司相关生产部门进行产品的生产。另一种模式是公司从固定的生产厂家直接进货。第一种模式中,有的产品设计开发是由大英博物馆提供相关设计内容和素材给世界著名设计师,由设计师进行设计并提出具体设计方案给产品公司,公司再联系生产厂家将产品投入生产,最后运输到大英博物馆商店,投入市场进行销售。世界著名设计师的名望和声誉可以提高博物馆产品设计的质量和水准,促进博物馆产品的销售,而反过来,博物馆产品的推广和销售又会提高设计师自身的知名度,从而达到双赢的局面。

大英博物馆商店所销售的产品中有博物馆和公司所自行设计、生产、采购的体现本馆特色和独特性的自有产品。大英博物馆商店所销售的产品中也有一些是带有英国这个国家元素的具有纪念意义的产品，比如一些跟英国或伦敦相关的普通旅游纪念品，以及与博物馆、历史、文化、艺术等相关的书籍和音像制品，这些商品可能与英国其他博物馆、纪念品商店、书店所出售的商品完全相同。

大英博物馆官方网站上还开设了专门线上销售文创产品的网上商店，其文创产品涵盖如下类别：珠宝、书籍、音像制品、雕塑、书签、棋类、钥匙扣、冰箱贴、家居用品、厨房用品、化妆品、服装和配饰、儿童用品和玩具及艺术印刷品。文创产品的价格从 10 英镑到 1500 英镑不等。

根据 2015 年的统计数据，大英博物馆文创产品的年均营业收入已经高达两亿美元。大英博物馆的收入来源中，英国政府的资金资助占总收入来源的比例只有 30%，相对而言，文创产品的销售收入已经成为大英博物馆总收入来源中最主要部分。

大英博物馆非常注重对重点产品的集中性开发。馆内的镇馆之宝之一便是赫赫有名的罗塞塔石碑(Rosetta Stone)，在大英博物馆的纪念品网站上输入罗塞塔这一关键词，能够得到 56 样有关该文物的相关文创产品，从环保袋到巧克力，几乎囊括了所有文创产品最热销那些类别。除此以外，大英博物馆还坚持将本土特色 IP[①] 与博物馆馆藏 IP 相结合，无形中就扩大了这类产品的受众群，将高

① IP"Intellectual Property"的缩写，即知识产权。

高在上的文物变得更加接地气。[①]

2. 大都会艺术博物馆

大都会艺术博物馆（Metropolitan Museum of Art）位于美国纽约，始建于1870年，是美国最大的艺术博物馆，也是世界上首屈一指的大型博物馆。

（1）国际性文化输出策略

大都会艺术博物馆的馆藏极其丰富、举世闻名，收藏品涵盖古埃及、古巴比伦、亚述、远东和近东地区、古希腊和古罗马、欧洲、非洲、美洲前哥伦布时期和新几内亚岛等艺术珍品330万余件。馆藏珍品包括人类从古至今各个历史时期的古代房屋、建筑、家具、雕塑、武器、盔甲、乐器、绘画、素描、版画、照片、玻璃器皿、陶瓷器、纺织品和金属制品等。其藏品涵盖世界各国具历史性和极高艺术价值的艺术品，其中有许多是美术史上最优秀的名家名作。大都会艺术博物馆拥有400多个常规展览厅，每年举办约50个特别展览。

作为世界文明宝库，大都会艺术博物馆藏品种类之丰、涉及文化之广、艺术和历史价值之高，这些都使得大都会艺术博物馆的国际性文化输出策略以被动性输出为主。所有馆藏珍品多在本馆各个展厅向公众展出。其丰富的收藏和精彩的展览，散发出无法替代的巨大艺术魅力，对世界各地的公众产生极大的吸引力，每年约有500万来自世界各地的观众到大都会艺术博物馆参观。大都会艺术博物馆在这种被动性文化输出的模式下，提供各国语言文字

---

① 王遥. 故宫博物院文创产品成功之道试析[J]. 时代金融，2018(33)，104－105.

的宣传手册，向观众免费发放，帮助观众以其母语了解大都会艺术博物馆的基本情况、各楼层的平面图、各楼层展览陈列布局、建议参观路线、主要展览和展品的介绍等等。同时，大都会艺术博物馆大厅服务台还向前来参观的观众提供讲解器租赁服务，讲解内容涵盖各个展厅的主要展品，讲解语言包括世界各大主要语言，可供观众自行选择。

（2）对外展览

大都会艺术博物馆的展览和藏品几乎涵盖了人力历史进程中整个完整的艺术历程。大都会艺术博物馆按照博物馆行业内最高的专业和行业标准，对能够代表人类最高成就的各种类型、各个领域的优秀艺术作品进行收藏、保护、研究、展览等相关工作。目前大都会艺术博物馆设有 17 个专门的策展部门，分门别类、各负其责地承担任务，负责对各种艺术门类或者艺术品种类进行收藏，并基于藏品策划相关展览。在业务的具体操作方面，每一个策展部门都可以有足够的能力进行独立运作，自主地收藏艺术品，对其进行保护、研究、策划和布置展览，等等。

大都会艺术博物馆展览面积巨大，有 230 多间陈列室，按照不同地区、断代、专题来划分其展馆和展览，全博物馆共分设 16 个不同的专门展馆，每一个专门展馆都可以视作一个特定主题的美术展览馆。这 16 个专门展馆的名称如下：埃及馆、希腊和罗马馆、非洲、大洋洲南北美洲艺术馆、中世纪艺术馆、20 世纪艺术馆、欧洲雕塑和装饰艺术馆、伊斯兰艺术馆、19 世纪欧洲绘画和雕塑馆、19 世纪以前欧洲绘画馆、素描、版画、摄影艺术馆、亚洲艺术馆、武器与盔甲馆、乐器馆、服饰研究馆、美国馆、罗伯特·雷曼藏品展览馆。

这些专门展馆中的展览主题多样，展品应有尽有，所有展览几乎能够覆盖人类文明发展史上的各个时期、各种文化、各个国家和地区、世界各国的科学和宗教、各种艺术形式、各个艺术门类，世界各地5000年文明史几乎在这里都能找到见证，可谓琳琅满目、异彩纷呈。

(3)文创产品

大都会艺术博物馆商店于1871年成立，博物馆文创商店的发展理念坚持和秉持大都会艺术博物馆的发展规划和战略目标。设立大都会艺术博物馆商店的初心和目的是将其馆藏的文物精品以文创产品的形成呈现给社会公众，使得人类文明发展史上的璀璨明珠得以继承弘扬，让更加广泛的社会公众了解大都会艺术博物馆所做的文物收集、保护、研究等相关工作，提高社会公众对于高层次艺术品的认识、理解、欣赏和关注，从而为艺术更加广泛的传播以及推动对于社会公众进行艺术教育作出应有的贡献、发挥应有的作用，发挥博物馆的这个社会职能和作用。

博物馆商店中所展卖和销售的每一件商品本身就是一件件质量上乘、做工精细的艺术品。大多数商品的设计灵感来自本博物馆或其他博物馆的藏品。在产品设计过程中，博物馆工作人员和制作团队都对藏品进行仔细深入地研究，反复与博物馆馆长和各领域专家研究商讨，由历史学家、设计师和专业手工匠人共同完成设计理念和设计图纸，最终精心打造、制作完成，以确保产品的设计灵感和最后的成品效果最大程度忠于原作、最大限度地还原馆藏珍品的本来面目。

大都会艺术博物馆对其馆藏珍品进行精心复制，并将其向社会公众进行推介与传播，这一直以来都是其引以为傲的。这些都是大都会艺术博物馆传播艺术、传承文明的具体做法和体现，是对人类艺术品美的最高境界的追求，也是对大都会艺术博物馆建馆初心与愿景的延续与发展。大都会艺术博物馆对馆藏艺术品进行学术研究、制作图录进行印刷出版、采用先进的科学技术对其进行3D复制，使得这些艺术珍品被更多更广的人群所认识、理解和欣赏。

博物馆商店设置的最终目的并不是单纯的盈利，而是希望观众在商店中购物和浏览商品的过程中能够感受到浓厚的艺术氛围，享受整个接触艺术、认识艺术的过程。徜徉于商店的整个过程和经历，是社会公众接触和认识艺术最直接、最有效的方式之一，能够激发社会公众的艺术美感、艺术鉴赏力、甚至是艺术创造的灵感。

大都会艺术博物馆的文创产品商店不但设立在自身博物馆展馆内部，而且遍布世界各地，除了美国境内的6家，在澳大利亚有3家，墨西哥5家，泰国2家。大都会艺术博物馆的文创产品商店已经形成一个相对独立的产业链。在全球16家文创产品商店中，不但销售大都会艺术博物馆馆内商店原有的文创产品，而且基于原有文创产品，又添加了具有所在国家和地区各自特色的元素，使这些文创产品更加具有地域特点，从而对当地潜在消费群体更加具有吸引力。遍布全球的文创产品商店不仅能够对大都会艺术博物馆本身进行广泛而良好的宣传，更为重要的是向世界各地的人们展示了人类文明史上的灿烂而辉煌的成就，引导全体社会公众去了解、认识、学习和欣赏艺术品，最终为艺术的传播和普及做出巨大的贡献。

大都会艺术博物馆官方网站上也开设了专门线上销售文创产品的商店，其文创产品涵盖如下类别：珠宝、手表、雕塑、展览图录、博物馆导览、书籍、音像制品、印刷品、海报、家居装饰、文具、明信片、台历、儿童用品和玩具、服装和配饰。文创产品的价格从10美元到600美元不等。

二　国内各主要博物馆国际性交流状况分析

1.故宫博物院

故宫博物院建立于1925年，位于北京故宫紫禁城内，是在明朝、清朝两代皇宫及其收藏的基础上建立起来的中国综合性博物馆，也是中国最大的古代文化艺术博物馆，其文物收藏主要来源于清代宫中旧藏。

(1)国际性文化输出策略

故宫博物院是中国国内藏品最多、最具影响力的综合类博物馆。作为博物馆领域的领头羊，故宫博物院一直以多种方式积极而活跃地从事并开展对外国际交流与合作这项工作。

第一，故宫博物院与国外其他世界知名的博物馆建立战略伙伴合作关系。故宫博物院已经与多个世界著名博物馆签署了馆际合作协议，建立起博物馆馆际之间长期的战略伙伴合作关系。此外，故宫博物院与国外博物馆确定了国际交流与合作机制，从而实现与国外博物馆进行长期稳定的交流与沟通，并具体开展一系列交流与合作活动，如：互换展览、各部门人员互访、专业领域的交流与合作等。故宫博物院正在以有效具体的方式和步骤逐步实施并实现“走出去”这一战略目标。

第二,故宫博物院积极策划各类主题和各种形式的对外展览,并将其输出到国外,从而提高了我国的国际影响力,对于打造和提升中国文化软实力发挥着积极而重要的作用。故宫博物院也进行创新型深入探索,其对外国际性输出的形式不只是局限于对外展览这一单一的交流模式,而是将国际交往和交流项目的形式拓展到多个领域,实现多元化的交流与交往,对国际知名博物馆先进的管理模式和经验进行深入调研并进行学习借鉴,同时学习研究其先进的文物保护理念,并应用到本院文物的保护修缮等工作中。

第三,故宫博物院努力搭建高水平外向型的学术交流平台。通过这一交流合作平台,可以实现合作项目内相关专家的互访。院内人员还可以通过这一平台,积极参加世界知名博物馆以及国外境外文博系统或机构所举办的各类高水平国际学术会议和短期专业性培训项目。故宫博物院充分利用这一国际学术交流平台,开展双边或多边、多样化的学习交流。故宫博物院的这一学术交流平台所实现的是双向的交流。利用这一平台实现“走出去”的同时,故宫博物院也积极开展“请进来”“引进来”的学术交流活动。在故宫博物院内举办大规模高水平的国际研讨会,将外国专家同行请到本院,进行面对面的互动、深入的学术探讨,或者与外国专家同行共同完成短期学术项目的研究工作。

第四,故宫博物院积极扩大馆际交流合作的范围和范畴,与世界知名博物馆建立交流与合作关系,还与国际文物保护机构建立联系。故宫博物院根据自身定位、馆藏特点、具体需要和实际情况,有针对性地对国际知名文博机构和文物保护机构开展调研和访问，不断加深对国际知名博物馆的了解，并同时向国际博物馆界进行介绍与推广。通过对外国际交流，开阔自身视野和眼界，拓展工作思路，积极深入学习国际同行们在博物馆管理、文物保护、展览策划等领域和方面的先进经验和做法，提高工作和管理水平，与国际做法惯例接轨，达到国际先进水平，从而扩大自身的国际知名度和国际影响力。

第五，故宫博物院积极推动海峡两岸故宫的交流与合作。虽然北京和台北分别有一座故宫博物院，但是紫禁城只有一个，这一点是中华民族共同的文化渊源、共通的文化认同感和归属感。这一历史和文化事实是不可改变、毋庸置疑的。台北故宫博物院在台湾地区受到当局和大众的高度重视，具有极其特殊的地位，地处北京以及地处台北的两个故宫博物院的馆藏文物是整个中华民族共有的文化遗产，为中华民族每个子孙后代所共同拥有，这一事实也是不可抹杀的。基于上述两个方面的事实，海峡两岸故宫博物院达成了两岸故宫合作交流的八点共识，即：落实双方合作机制、使用文物影像互惠机制、建立展览交流机制、建立两院人员互访机制、出版品互赠机制、信息与教育推广交流机制、学术研讨会交流机制、文化创意产品交流机制。海峡两岸故宫博物院协商一致共同达成的上述八个方面的交流与合作机制，有利于海峡两岸故宫博物院在两岸关系中发挥其特殊作用，有助于进一步推进两岸人文交流与文化交往的深层次发展，从而为祖国统一大业的最终实现做出贡献。

(2)对外展览

本研究对故宫博物院 2010 年 1 月至 2016 年 6 月期间近五年

半的国际交流展进行了较为广泛和全面的调查统计[①]，并发现其国际性文化输出中对外展览方面具有如下六个方面的特点。

第一，对外展览的平台。故宫博物院专门设立了学术交流机构，并以其作为国际交流与合作的平台，开展对外交流展览的策划和输出工作，从而使其展览的国际性输出更具学术性、更加专业化。

第二，对外展览的目的。故宫博物院对于举办对外交流展览的目的十分明晰。在广泛调研的基础上，并结合自身的优势和特点，故宫博物院确定了其对外交流展览的目的。故宫博物院的对外交流展览旨在使外国观众对中国灿烂的文化和悠久的历史产生初步的兴趣，进而引导外国观众在解读中国过去历史的同时，进一步认识和了解中国现在的发展状况，从而感受来自中国的异域风情。

第三，对外展览的内容。故宫博物院利用自身馆藏的特色和优势，结合博物馆展览国际性输出的特点，对馆藏珍品进行深入发掘和研究，重点开发以明清宫廷文物为主题的对外展览。对外展览主题的选取以自身馆藏资源和中国传统文化的精髓为出发点，主要涉及如下方面：宫廷文化、宫廷生活、宫廷艺术、宫廷文物、宫廷饮食、人物、帝王、龙、佛教、书法、玉器、陶瓷、黄金等类别。对外展览的主题基本涵盖了中国文化的各个方面，具有广泛性、多样性、代表性。

第四，对外展览的输出形式。在展览国际性输出的起步阶段，故宫博物院的展览输出主要以参展为主，只是借出部分馆藏，作为

① 见附录1：故宫博物院国际交流展一览表。

某一展览的一部分。随着故宫博物院展览国际性输出的发展，对外展览的输出形式逐步提升为故宫博物院单独、自主地输出完整的对外展览。或者故宫博物院依托其国内馆际合作，积极寻求双方博物馆及其藏品的共同之处，共同策划展览主题、具体展品等，双方博物馆最终以联合展览的方式实现展览国际性输出。故宫博物院对外展览的输出形式由被动、单一，逐渐转变为主动、自主、合作、多样。

第五，对外展览的地点。故宫博物院的对外展览主要采取全球巡展和常设展览两种方式。为了充分发挥所策划的每个对外展览的国际影响力，故宫博物院的对外展览采取全球巡展的方式进行国际性输出，同一展览赴多国（地）、多城市的多个博物馆展出，展览涉及国别、地区、城市众多，影响力广泛，能够充分发挥每个展览的影响力和潜力。另外，故宫博物院还借助我国海外孔子学院并以其为对外展览的展出地点，在海外孔子学院以常设展览的形式，来长期宣传中国文化。

第六，对外展览的策展。故宫博物院对外展览的策展形式多采取双策展人的形式。在对外展览策展过程中，展览的内容和形式与展览的展出地点及其相应文化背景相结合，发掘中外文化的共同相通之处，激发外国观众的同感和共鸣，从而更加有利于外国观众理解并接受中国文化。另外，故宫博物院在展览在对外展出期间，会配合对外展览的内容和主题，举办相关的文化知识讲座、学术报告会等，不但可以提升展览的学术性和专业性，而且可以引导外国观众对中国文化进行更深层次的理解和研究。

(3)文创产品

故宫博物院成立了专门的机构来承担文创产品的相关工作。故宫文化服务中心从体制和机构设置上来说仍旧隶属于故宫博物院,但是作为故宫相关文创产品开发、设计以及销售的实体经济个体,故宫文化服务中心具有独立的法人资格。故宫文化服务中心的主要责任范围和具体工作包括:在国家法律法规所允许的范围内,而且符合故宫博物院本院所制定的规章制度,故宫文化服务中心进行独立自主的经营活动,面向社会公众提供文化产品及相关服务;在故宫博物院的授权下,基于故宫元素开展文化产品的设计开发,并对文化产品开展营销;积极拓展对外合作的层次和渠道;在故宫博物院的授权下,与其他单位和机构签订对外合作协约,或者如果直接以北京故宫文化服务中心最为经济个体与其他单位和机构签约,都需要承担协约所规定的民事责任;经院授权,如若故宫博物院有展览进行对外输出的情况,承担随展文创商品销售商店的经营管理工作,具体包括随展文创产品的开发、设计以及销售任务。故宫文化服务中心对于文创产品的开发设计团队按照文创产品的专门类别进行细化分工,并且鼓励文创产品的开发设计团队以创新思维进行文创产品的开发实践。故宫文化服务中心会针对故宫博物院所举办的每个展览,开发设计出与之配套的文创产品。

故宫博物院积极树立、打造、提升故宫文创产品的品牌形象,不断深入挖掘文创产品的品牌内涵,努力提高文创产品的品牌价值,以文创产品为文化载体,使故宫博物院馆藏文物的价值和生命得以不断延续和传承,向社会公众文物所蕴含的文化意义和文化信息，故宫博物院的文创产品对于文物的文化内涵十分重视，并充分利用各种设计手段和方式，全方位呈现和展示文化的文化精髓。

故宫博物院在文创产品开发和设计时，先从故宫博物院的馆藏珍品中提炼选取某些文创产品设计元素，然后再将这些元素与文创产品相结合，从而使开发出的文创产品背后都蕴含的丰富的历史故事和文化典故。天禄琳琅文具礼盒套装，以“世界读书日”为主题，创意源于清宫所收藏的《天禄琳琅》珍籍。“天禄”为汉代贮藏典籍的宫殿，与世界读书日的主题相吻合，同时也为辟邪神兽。与“鹿”同音，因此套装融入梅花鹿的元素，将此概念具现化，以笔记本、书签、笔盒、印章等文具用品为载体，为爱读书的“琳琅”[①]献上一份厚礼。[②] 白鹤紫霄便笺本，其中飞鹤祥云的元素来源于清代后妃便服的图案。故宫十珍图铅笔，其设计灵感来源于故宫博物院院藏十大真品。千里江山纸胶带套装，其灵感来源于北宋画家王希孟的唯一传世之作《千里江山图》。

故宫博物院所开发设计的故宫特色文创产品近 6000 种，包括玉器、木器、青铜器、瓷器、雕漆、珐琅、首饰、丝织、文具、茶具、图书等多种类别，每年研发的新产品近 300 种。同时，故宫博物院为配合其所举办的展览，专门有针对性地开发设计独具故宫文化特征，具有自主知识产权的系列化、套系化的文创产品。[③] 故宫博物院将其独有的“故宫”“紫禁城”著名商标与一般意义上的文化纪念品互相结合，在普通的纪念品上添加上这些商标，进而开发设计出故宫

① 指优秀杰出人才。

② 申冰.基于青少年群体特征的文创产品设计研究——以洛阳博物馆为例[J].工业设计，2018(2)，27－28.

③ 单霁翔.把壮美的紫禁城完整地交给下一个 600 年[J].新华月报，2015(3)，47－51.

特有的冰箱贴、瑞兽铅笔、木质微缩家具、玩偶、琉璃、手机壳等系列产品，这些文创产品都是以紫禁城内的建筑、故宫博物院的藏品为基本元素，而进一步对其进行创新设计而完成的。文创产品的价格从 0.8 元人民币到 8500 元人民币不等。

故宫博物院的文创产品备受社会公众广泛关注，这在中国大陆博物馆界还是首屈一指的。根据有关统计数据，截至 2016 年底，故宫博物院的文创产品的品种已经达到 9170 种，而仅 2016 年一年文创产品就为故宫带来了 10 亿元人民币的收入。[①]

在 2014 年以前的较长时间内，故宫博物院的文创产品普普通通，没有任何新意和特色，甚至在北京其他旅游景点都有类似的旅游纪念品或文创产品在售卖。在那段时间里，故宫文创多数情况下被归分到粗制滥造千篇一律的所谓“旅游纪念品”分类里，还称不上是文化创意产品。那时候，虽然也有所谓的文化产品系列，但都是书画、瓷器、铜器、木器、钟表系列，充满知识性和历史感，块头大又不方便携带，从文化传播效应上来说，并不是大家离开故宫时会进行购买的第一选择。80%的产品都是来自其他地方或是其他文博单位，并不能代表故宫特有的文化，同时，商店内部缺少文化气息，商业气息过重，就像大街上普通商店一样，并没有营造出一个博物馆文创店应有的氛围。[②]

经过几年改造，原本在大家眼里是庄重肃穆的代表，一下子变得连雍正皇帝都可以比着剪刀手卖萌了，按现在的话来说，故宫这个“大 IP”俨然有被玩坏的趋势。[③] 故宫的建筑、文物、历史故事等

---

① 王遥．故宫博物院文创产品成功之道试析[J]．时代金融，2018(33)，104－105.

② 封琳．陕西绥德汉画像石馆的文创产品设计研究[D]．西安理工大学，2019.

③ 封琳．陕西绥德汉画像石馆的文创产品设计研究[D]．西安理工大学，2019.

都成了研发团队取材的宝库。无论是故宫的大门还是房顶的脊兽，皇帝御批抑或是某块牌匾，深度发掘这其中的特色并将其应用于受市场欢迎的载体，是故宫文创成功的关键。[①] 故宫的研发人员对文献史料进行整理，再摘取有潜力成为爆款的“御用”名句，再把这些词句添加到帽子、眼罩、钥匙扣、折扇等上面，赋予这些产品新的创造力。[②]

故宫博物院的文创产品不但在其场院内所开设的文创产品实体商店内销售，同时也在各类网络购物平台上进行销售。在网络购物平台上故宫博物院有针对性地分类别开设了四家店铺。故宫博物院官方旗舰店专门销售故宫博物院的门票，故宫博物院文创旗舰店专门销售具有创意的生活家居用品，故宫博物院出版旗舰店专门销售书籍、高仿字画类文创产品，故宫淘宝网店则专注于年轻的消费群体，走乖巧可爱路线，主推“萌系”文创产品。其中故宫淘宝粉丝数接近 254 万，天猫文创旗舰店粉丝数 112 万。这两家网络店铺上所销售的文创产品加起来已有 500 余款，其中很多文创产品销售数量都在 1 万以上。故宫淘宝网店是最为人所熟知的店，有一直高居销量榜的猫咪物件，也有根据不同节气出的一些时令物品等。故宫天猫旗舰店所销售的文创产品主要涉及生活创意用品、故宫笔记、紫禁服饰、文房雅玩等。光是做做文创还不够，故宫还有个叫“朕的心意”的网店，专门卖各种“宫廷食品”。

让故宫文创短时间内知名度和销量大增的原因，除了做好产品的研发外，另一个原因就是“故宫淘宝”这个账号洗脑式的宣传

① 王遥. 故宫博物院文创产品成功之道试析[J]. 时代金融，2018(33)，104—105.
② 封琳. 陕西绥德汉画像石馆的文创产品设计研究[D]. 西安理工大学，2019.

方式。2014 年 8 月 1 日,一篇名为《雍正:感觉自己萌萌哒》的文章刷爆微信朋友圈,内文里配上了动态版的《雍正行乐图》,让大众第一次以娱乐的眼光、幽默的角度看这位以为人狠辣而闻名历史的君主,从此开启了故宫淘宝停不下来的“卖萌”宣传之路。后来,故宫淘宝的微博账号以及微信账号又陆续发布多篇名为《朕生平不负人》《够了! 朕想静静》《朕有大招赐予你》《你们竟敢黑朕?》《朕是如何把天聊死的》这样以讲历史史实之名,行宣传售卖之实的广告帖,文内多配上颠覆君王形象的新造型。这样的宣传模式拉近了与受众的距离也增加了互动感,既向各年龄层受众科普了小众的历史故事,又将自己的新产品宣传出去,一石二鸟。①

故宫淘宝上销售故宫娃娃摆件、生活潮流品(折扇、钥匙扣、冰箱贴、卡套、手机壳、遮阳帽、收纳盒、手机座、卡包、钥匙包)、文房书本(记事本、笔、橡皮、笔筒、贺卡、明信片、书签、鼠标垫、红包、便签夹)、手帐周边(纸胶带)、宫廷饰品(发簪、镜子、手镯、项链、耳钉、手表、化妆包、首饰盒)和故宫服饰(拖鞋、T 恤、丝巾、手提包)。

故宫博物院还与阿里巴巴、国际邮轮等多种平台合作,拓展多样化的文创产品销售渠道。

故宫与阿里巴巴主要基于故宫门票、文创、出版三大板块展开合作。首先,在票务方面,故宫的网上预售预订系统将运用于阿里旅行旗舰店,实现与故宫票务系统直联的电子门票预订。② 另外,故宫文创、出版部分也均在天猫平台中设立相应版块,将与大众耳熟能详的“故宫淘宝”互为补充。“故宫文创”着力主打文化礼品、

---

① 封琳.陕西绥德汉画像石馆的文创产品设计研究[D].西安理工大学,2019.

② 蒋肖斌.故宫门票可上阿里巴巴预订[OL].中青在线,(2015－06－29)[2019－07－20].http://zqb.cyol.com/html/2015－06/29/nbs.D110000zgqnb_01.htm

创意生活用品、创意设计产品;故宫出版是在故宫出版社几十年的出版资源积累的基础上,以收集珍藏、学术研究、紫禁城文化普及等为视角,从历年出版物中甄选出的读品,陈列于旗舰店中。[①] 通过电商平台,将文化创意产品更加流畅地实现文化传播。

故宫博物院与享誉全球的游轮公司皇家加勒比国际游轮开展跨界的文创产品推广与销售合作。2016 年,故宫博物院在“海洋赞礼号”上,开展与文创产品相关的一系列文化推广和文化宣传活动,比如:文化专题讲座、故宫文创产品展示等。通过这样的跨界合作,使故宫文物和故宫文化走出紫禁城,走向更为宽广的国际舞台,有助于对中国传统文化的传播、传承与延续。

2. 中国国家博物馆

中国国家博物馆的前身可追溯至 1912 年成立的国立历史博物馆筹备处,2003 年根据中央决定,中国历史博物馆和中国革命博物馆合并组成为中国国家博物馆。中国国家博物馆兼顾历史与艺术,集收藏、展览、研究、考古、公共教育、文化交流于一体的综合性博物馆。

(1)国际性文化输出策略

中国国家博物馆,被冠以国家的称号,因而肩负着不同于其他博物馆的重要历史使命和任务,即在国际舞台上展现中国的国家形象、面向全世界推广中国的国家形象。中国国家博物馆,带有“国家”这样的称谓,既是荣耀的体现,也是一种抽象符号,更加准

---

① 翟群.故宫文化借网“飞入寻常百姓家”[N].中国文化报,2016-07-04.

确地理解其内涵，更恰当地说是一种本质属性。国家博物馆所展出的展品不容置疑是某个国家价值最高、意义最大的文物和艺术品。国家博物馆的馆藏、所举办的展览、学术成果和学术水平、社会影响力，都要展现出国家高度、国家态度。

首先，中国国家博物馆积极开展国际交流与合作。中国国家博物馆已与全球多家著名的博物馆、美术馆、从事专业文化活动的机构构建了稳定而长久的交流与合作联系，具体包括：大英博物馆、维多利亚和阿尔伯特博物馆、德国三大博物馆、新西兰国家博物馆、秘鲁国家博物馆、意大利文化遗产部以及大都会艺术博物馆。为了满足本国人民群众日益增长的精神文化需求，中国国家博物馆一直致力于引进国外各种类型的优秀精品展览到本馆对中国公众开放，这样使得中国观众无须走出国门，就能近距离欣赏到世界各国各种文明丰富多彩的历史文物和极具异域风情的艺术精品。

同时，随着中国自身政治、经济、文化的发展和繁荣，在全球政治格局和经济体系中，中国的国际地位和国际影响力日益攀升，中国在国际舞台上发挥的作用越来越大。中国国家博物馆拥有近二十万平方米的建筑面积，这一场馆硬件优势也越来越受到世界各大知名博物馆的重视。世界各国越来越重视和关注与中国积极主动地开展各种类型的文化交流活动，都希望能够借助博物馆这一重要且有效的文化交流平台，进行展览等方面的文化交流活动。

其次，中国国家博物馆积极开拓创新各种渠道对各类展览进行积极有效广泛地宣传。中国国家博物馆的日观众流量数以万计，来馆参观的观众更是来自五湖四海。为了能够更好地推广宣传本馆所引进的海外交流展览，中国国家博物馆充分利用互联网平台，通过官方网站、官方微博、官方微信平台及时发布与展览相关的详尽的介绍信息，来加大宣传力度。目前，中国国家博物馆仅新浪微博的粉丝数量已超百万，加上腾讯微博和微信，相信这种数量级的传播不仅能够吸引中国社会公众来馆参观，更能够吸引身处中国国内、甚至身处海外的外国社会公众前来参观。

最后，中国国家博物馆始终关注展览本身的质量，并致力于不断提升展览策划和布展的水平，一直坚持以学术研究推动促进展览质量和水平的提高。中国国家博物馆提出了“人才立馆、藏品立馆、业务立馆、学术立馆”的十六字发展战略和发展原则。这四个方面是相互关联、互为依托和促进的。“人才”是为学之人，是致力于学术研究的专业人士，是学术研究的首要和根本所在。“藏品”需要依靠专门学科和领域的学术研究人才对其开展系统的研究、分类、整理、综合的工作，而“藏品”的收集工作需要依赖准确、敏感、锐利的学术眼光和学术视角。“业务”体现在博物馆日常管理的整个过程中，表现在博物馆运转的方方面面上。学术研究的意义和作用重要且广泛，博物馆缺少学术研究这一环节，就会严重影响博物馆对文物的收集、展览的策划与展品的陈列、文物考古与保护、社会教育、对外交流与合作等诸多方面。在四个“立馆”中，“学术”是根本，贯穿“人才”“藏品”“业务”三个方面，起到建构其中的联系的作用。第一，中国国家博物馆不断加强对其藏品开展深入的研究，促进将馆藏珍品转化为独特且重要的展览设计的资源。同时，还要加强对引进的海外展览的策展、陈列研究，从而形成具有中国国家博物馆特色的完整的展陈体系。对于博物馆来说，展览是开展教育活动和对外交流的重要资源，是博物馆的立馆与发展的重要基础和根本所在。与展览紧密联系、关系密切的博物馆馆藏，同样也是博物馆的立馆与发展的重要基础和根本所在。展览与藏品两者之间联系的纽带就是学术研究。博物馆能否系统而有效地将藏品有机统一地转化为展览内容的资源来源，关键要看博物馆的学术研究团队的能力和水平的高低。学术研究能否有效地转化为高水平的展览大纲，能够反映出博物馆管理运作的协调协作能力。中国国家博物馆从改扩建工程开始，就全面着手进行对两大重要展览“复兴之路”和“古代中国”的研究、设计、策展等一系列工作，这两大基本陈列可以集中体现中国国家博物馆在藏品研究方面多年积累的研究成果。第二，中国国家博物馆不断繁荣其学术研究。中国国家博物馆通过学术研究和学术讨论，不断提升其展览的学术层次和学术水平。中国国家博物馆多年来多次举办高水平的国际学术研讨会，对博物馆业界重大的学术问题、难题进行广泛而深入的讨论，并进行系统地学术梳理与深入地学术挖掘。中国国家博物馆在陈列展览的同时，推出与展览配套的学术讲座，举办与展览内容密切关联的学术会议。这样依托展览开展相关学术活动，不但可以对展览自身的学术意义和学术内涵进行深入挖掘，从而进一步加大对展览的学术议题和学术主题深度的提高，而且可以在更加广泛的领域对于展览内容开展更加深入的学术思考和更深层次的学术研究。

(2)对外展览

中国国家博物馆展陈体系中的一大特色就是对外合作展览，引进了海外展览中涉及诸多知名博物馆、著名艺术家、著名艺术作品。中国国家博物馆的研究人员发挥专业和研究专长，在对外合作展览策展中展现了本馆艺术和学术研究的特点和水平，体现了本馆在新时期下所形成的全新的发展定位，即“历史与艺术并重”的展陈特色。在引进展览的过程中，中国国家博物馆展现了出色的接应外展方面的实力和能力，从展览主题的确立，到参展作品的甄选，再到展览的空间设计和陈列安排等方方面面，表现了举办国际交流大展的能力。引进外展中有不少成功案例体现了中国国家博物馆在加强策展方面的实力，比如：“启蒙的艺术”“道法自然—大都会艺术博物馆精品展”“鲁本斯与凡戴克—列支敦士登王室珍藏展”“永远的思想者—罗丹雕塑回顾展”，以及与意大利合作的三个展览“佛罗伦萨与文艺复兴：名家名作展”“创建真实：人类情感大师威尔第”“罗马与巴洛克艺术”。

本研究统计了中国国家博物馆在 2010 年 1 月到 2016 年 6 月之间举办的大型国际交流展，总数共计 22 个引进展。① 引进展览所涉及国家有十余个，具体包括：法国、意大利、西班牙、德国、列支敦士登、美国、墨西哥、秘鲁、波兰、俄罗斯、罗马尼亚、哥伦比亚、新西兰。引进展览所涵盖的展览主题十分广泛，涉及绘画、版画、雕塑、面具、摄影、瓷器、玉器、音乐等多种艺术形式，地中海文明、罗马尼亚文明等不同国别的多彩文明；玛雅文明、古代秘鲁等古代文明；启蒙时期、法国、波兰等不同时期、不同国别的艺术作品；巴洛克艺术等艺术风格。

这种引进展览并非单向的引进，而是双向的互动交流，对外交流展与引进展览同步开展并推动，中国国家博物馆将反映中国文化精粹的展览推向世界舞台，在国际社会推介中国文化。

同时，中国国家博物馆以其官网（www. chnmuseum. cn）为平

① 见附录 2：中国国家博物馆国际交流展一览表。

台，以中、英、日、韩、法、德、意、西、俄、荷十种语种向世界各地的观众宣传其展览和藏品。中国国家博物馆官网上专设“网上展览”和“虚拟展厅”，供世界各地观众随时随地通过互联网欣赏国博展馆中的精品展览。

中国国家博物馆也有一些对外展览直接输出到国外。在诸多对外输出展览中比较成功和具有典型性和代表性的是中国国家博物馆于2014年3月22日至6月21日，在新西兰国家博物馆，同时展出的两个对外展览，即《七位中国天子与其生活的时代》和《“革命的艺术，艺术的革命”——石鲁艺术展》。《七位中国天子与其生活的时代》，通过七位中国皇帝的精彩故事，展示中国秦、汉、唐、宋、元、明、清七个风貌迥然的历史时代，以点带面，串联起中国古代历史演进的轨迹。展品包括汉代兵马陶俑、滇文化青铜器、唐三彩、成吉思汗画像、定陵珍宝、乾隆御用器物等130件(组)中国国家博物馆馆藏中国珍贵历史文物，涵盖青铜器、金银器、铁器、玉石器、陶瓷器、书画、丝织品等多种文物门类。《石鲁艺术展》展出的114幅画作则几乎涵盖了中国20世纪艺术大师石鲁整个艺术生涯各个阶段的艺术精品，并且是首次在海外展出。展览以石鲁艺术风格的转型为线索，明晰地交代出画家每个时期的艺术语言特点。展览还采用了草稿对照创作的方式，并辅以石鲁生前的绘画工具、作画过程、生活照片和家人接受采访的录像，较为立体地向新西兰民众展示石鲁的艺术人生。①

---

① 江静.新西兰国家博物馆举行中国历史和艺术展[OL].新华网，(2014－03－27)[2019－07－10].https://news.artron.net/20140327/n584876.html

(3)文创产品

中国国家博物馆馆藏文物高达130多万件(套),这些藏品都是中华民族文明宝库中的珍贵的民族文化遗产,这些文物藏品能够全方位多视角的体现和展示中华民族的文化传统和文化精髓。中国国家博物馆历来十分重视开发本馆的无形资产,积极探索开发运作方式,目前主要从三个方面对无形资产进行开发,具体包括:馆藏文物资源开发、品牌资源开发、监制和授权经营开发。中国国家博物馆无形资产开发的目标定位为“走出去”和“国际化”,基于这一目标积极建设集推广、宣传、销售为一体多层次全方位平台和渠道。

中国国家博物馆特别专门成立了文创产品中心,以馆藏各个类别和种类的文物精品和国宝级文物为基础,提取文创产品的设计元素,从而开发出承载中华文化特质、饱含中华文化内涵的文化创意产品,使文物走出展厅、走出博物馆,真正意义上被广大观众带回家。这样的文创产品不但可以推动国内文化产业和文化事业的蓬勃发展,而且可以借助中国国家博物馆文创产品中心这一平台,将中华民族的历史、艺术、传统、文化在更广阔的世界舞台上进行推介和展示。

中国国家博物馆在馆藏文物资源的开发方面,基于馆藏实物的图片和文字资料,并以此为依托,对馆藏文物的无形价值进行大力度挖掘和开发,不仅涉及馆藏文物的数据,还涉及馆藏文物的影像资料。中国国家博物馆拥有极为丰富的馆藏资源,这为各种文创产品的开发和设计提供了便利的条件,也为文物的复制和仿制提供了方便之处。在开发和设计上,中国国家博物馆主要采取自主开发设计和合作开发设计两种模式，旨在使设计开发出的文创产品和文物复制品仿制品能够适应不同年龄消费群体和不同消费层次的群体。与此同时，中国国家博物馆对文创产品的潜力市场进行深入广泛的调研，并在此基础上制定出具有针对性的开发设计计划，靶向针对不同消费需求和社会需求，兼顾各类消费人群，既有针对高端消费人群开发设计的文创产品，特别是高端精美的高仿复制品，其具有良好的升值空间以及极大的收藏价值，也有针对普通大众消费人群开发设计的文创产品，品种丰富多样、具有纪念意义、价格适中。

中国国家博物馆在品牌资源的开发方面，充分利用与中国国家博物馆相关的一些要素，充分利用各种相关元素进行文创产品的开发设计，诸如本馆标志、名称、形象、场馆、背景等。值得一提的是中国国家博物馆对其名称、简称、标志进行了商标注册。专业的产品开发设计人员对博物馆相关要素展开设计，将专业人士的设计方案和设计理念引入到所有可供开发的文创产品中，从而树立国博文创产品的品牌形象，提高国博文创产品的品牌影响力。

中国国家博物馆在监制和授权经营的开发方面，积极寻找合作伙伴，重点放在寻求借助博物馆这一平台和品牌发展自身品牌、提升品牌形象的公司和机构，国博与他们进行监制和授权经营方面的合作。整个监制和授权经营合作过程是在专业律师指导下规范化合法化完成进行的，特别需要注意的是，中国国家博物馆在开展监制和授权经营这种运作开发模式时，是以保护博物馆的无形资产为根本原则和首要原则的。

中国国家博物馆的文创产品主要分为文化创意开发类、传统工艺开发类和经典复仿制品类三大类，涉及国博文房、服装配饰、创意家居、生活配件、邮品书籍、摆件雅玩六大种类，涵盖了高仿精品（陶瓷器、青铜器、书画类）、贵金属、玉器、琉璃、漆器、丝织品、家居产品、服装服饰、电子优品、图书音像、创意邮品、文具用品、儿童用品、玩具、创意小纪念品、临展纪念、生活随行等近二十小类3000余种。

中国国家博物馆众多文创产品中不乏设计巧妙之作，最有代表性的，如：纸胶带中国风、二十四节气锦色书签、出水芙蓉荷花首饰、创意撞色单肩帆布包、纸雕灯卧室床头LED灯。

纸胶带中国风，这款胶带的设计来源于粉彩杏林春燕纹瓶元素。在中国古代，每年的进士考试是在三月举行，而杏花这是在三月开放。因而，杏花被诗人称为“及第花”。在中国古代，燕被称为玄鸟，是祥瑞、吉祥的象征。所以，合起来“杏林春燕”蕴含着科举考试顺利、有望进士及第。设计风格以扁平化插画去表现，将春燕、翠竹、杏花等元素进行提炼，并且采用清淡雅致的配色，非常受看。

二十四节气锦色书签也设计得很有意思。其设计灵感来源于春、夏、秋、冬四个季节的元素和每个朝代文物相对应。画面的创作手法还是以手绘的插画为主，书签针对每个节气设计出不同的风格。例如：立夏书签的手绘图案是清朝的五彩花鸟纹盘，小满的手绘图案是隋朝的椭圆形绿玻璃瓶，芒种的手绘图案是战国时期的错银铜卧牛等元素，既体现了节气的属性，又一一介绍每个朝代的文物，让大家在读书的间隙来了解历史。

出水芙蓉荷花首饰，其设计灵感来源于清代金银线绣荷花蓝纱女大氅。将其中荷花的元素进行巧妙提炼，打造一款非常别致的项链。设计手法以简笔的插画描绘出一颗精致的荷花，线条流畅且细节描绘非常精致，搭配上宝石蓝的温润感，轮廓简洁，线条灵动，非常契合当下年轻女孩追求简约时尚的调性。

单肩帆布包，采用大胆的撞色搭配，包上的人物图案源自《明宪宗元宵行乐图》和《聊斋图说》图册。产品设计时将原有图画中的画面进行分解重组，将荡秋千的绳子和帆布袋的带子巧妙结合，使得绳子和图案贯穿组合成一个完整的图案。再搭配高饱和度的颜色和强烈的对比色，即突出了古典的元素又设计感十足。

纸雕灯卧室床头LED灯，这款纸雕灯卧室床头LED灯的设计灵感来源于清代的大观园。画面中亭台楼榭、树影重叠，可谓是道尽《红楼梦》的悲欢离合。其制作手法以全新的剪纸工艺，搭配激光雕刻工艺，多层轮廓精细叠加。将纸张雕刻出大观园的场景，加上柔和的灯光，组成了一幅朦胧、温馨、浪漫的画。

元宵行乐图手机壳。这款手机壳的设计元素提炼自《明宪宗元宵行乐图》中的人物元素，同时还将其与当时南京城内的店招、条幅等元素相互融合，同步推出元宵行乐图店招和当铺手机壳，看着特别具有古典味。

中国国家博物馆所开发的文创产品，主要以实体商店为销售渠道，设置在博物馆内不同区域，有专设文创商店、名家艺术品店、博文斋、茶艺馆等各具风格和特点的专门实体商店，还设有以销售柜台形式设置在主要展厅周围的移动实体销售商店，这样两类实体商店可以适应和满足参观观众对于文创产品的多层次、多元化需要。

国家博物馆在2016年开设了天猫官方旗舰店，粉丝达到了48.9万，并且创立了独有的文创品牌“国博衍艺”。文创产品以文房四宝、服装饰品、家居用品、邮品书籍、生活配件、摆件雅玩为主。

同时,中国国家博物馆的文创产品也通过官方微店、天猫等网络销售平台进行推广和销售,使得国博的文创产品的潜在消费群体的覆盖面更广。

3. 上海博物馆

上海博物馆创建于 1952 年,是一座大型的中国古代艺术博物馆,馆藏文物近 102 万件,其中珍贵文物 14 万余件。其收藏的文物包括青铜器、陶瓷器、书法、绘画、漆器、竹木牙角、甲骨、符印等 31 个门类,尤以青铜器、陶瓷器、书法、绘画为特色,藏品之丰富、质量之精湛,在国内外享有盛誉,有文物界"半壁江山"之誉。

(1)国际性文化输出策略

上海博物馆将其长期发展和建设的战略目标定位为"世界顶级的中国古代艺术博物馆"。上海博物馆始终努力、致力于中国古代艺术的收藏、保护、研究、策展,把满足广大人民群众的精神文化需要作为努力的方向,在收藏、展示、教育、研究、文创、服务等方面不断探索、革新。

上海博物馆进一步夯实"四梁八柱"。"四梁"是指四大特色学科建设,即在上海博物馆现有研究力量的基础上,启动"艺术史""博物馆学""考古学""文物保护与修复"等新一轮学科建设。"八柱"是指"典藏与征集""研究与鉴定""陈列与展览""教育与传播""文化创意""数字化博物馆""文化交流""科学管理体系"。同时,上海博物馆也积极推进"两个优化",即"知识结构优化"和"管理结构的优化"。

上海博物馆实施"WINDOW"计划,即 Wisdom(智慧)、Interaction(互动)、New(拓新)、Diversity(多样)、Open(开放)、World(世界),致力于以常设陈列体现藏品的优势和自身的独特地位,展示出国家级博物馆的眼光、格局和胸怀,以及面向世界的开放性和前瞻性。

上海博物馆以举办国际论坛、学术研讨会、活动为契机和平台,扩大和加深对外交流,提升世界各地博物馆界对自身的专注度。如:“城市与文明”国际学术研讨会、竹刻国际学术研讨会、第二届“世界考古论坛·上海”、日本四大国立博物馆馆长谈新馆建设高端论坛、文物保护与博物馆建设——国际博物馆馆长高峰论坛、博物馆的文化力量——2012 国际博物馆馆长高峰论坛、互联网+中华文明的博物馆数字传播系列活动等。

上海博物馆积极开展多方位、深层次的国际馆际交流与合作,如:与埃及博物馆签署合作备忘录,双方就馆际的展览交流,人员互访及数字信息共享等方面的合作达成共识。

(2)对外展览

上海博物馆基于自身馆藏优势,积极构建系统化的、特色鲜明的展览和陈列体系,展陈体系围绕中国古代文化这一核心主题,选取中国古代历史中的典型文化现象为视角,打破展品的门类限制,横向构建体系,举办反映中国重要历史文化内涵的主题性陈列展览,让文物说话,讲中国故事。

上海博物馆积极打造和建设智慧博物馆,通过融入数字化技术,提升博物馆自身的表现力、辐射度和影响力。数字化建设具备文物/文化信息互动传播数字网络化和文物/文化数字资源国际共享化的科技创新亮点。

上海博物馆致力于努力让文物从地下、从库房、从文献上活起来，源源不断办出一流的展览、最好的展览，在举办展览时特别注意处理好中外、古今、本馆的藏品和借展藏品的关系。

上海博物馆与国外知名博物馆合作，积极从世界各地引进优秀展览。本研究统计了2010年至2016年七年间上海博物馆共引进展览11个[①]。具体引进展览的时间、名称、国别如下：2010年："北方之星：叶卡捷琳娜二世与俄罗斯帝国的黄金时代"（俄罗斯）"意大利乌菲齐博物馆珍藏展：十五世纪—二十世纪"（意大利）；2011年："亚历山大·佩里耶（1862—1936）风景画展"（瑞士）、"毛利人的世界——新西兰奥塔哥博物馆珍藏文物展"（新西兰）；2012年："宝光璀璨——法贝热珠宝艺术展"（俄罗斯）；2013年："安纳托利亚文明：从新石器时代到奥斯曼帝国"展览（土耳其）、"从巴比松到印象派：克拉克艺术馆藏法国绘画精品展"（美国）、"刚果河——非洲中部雕刻艺术展"（法国）；2015年："俄罗斯沙皇军械展"（俄罗斯）；2016年："日本醍醐寺藏佛教文物展"（日本）、"中国与埃及——两个文明的源流"（德国）。另外，2017年上海博物馆引进大英博物馆著名的展览项目"100件文物讲述人类历史"。

上海博物馆也积极向海外推广代表本馆和本地区特色的展览。海派艺术在欧洲的首次大规模亮相是于2013年3月在法国巴黎赛尔努奇博物馆展出的"海上画派（1840—1920）——上海博物馆绘画和书法作品展"。本次展览汇集了来自上海博物馆的馆藏绘画、书法作品及印章54件。展览期间，赛尔努奇博物馆还配合举办中国艺术、上海历史和上海文艺生活等方面的讲座，开展中国书

① 见附录3：上海博物馆国际交流展一览表（2010年1月到2016年6月）。

画创作展示等活动。其他海外展览还有：赴美国洛杉矶郡立博物馆的“上海博物馆藏明代绘画珍品展”，赴新西兰达尼丁奥塔哥博物馆的“中国少数民族艺术展”，赴日本东京国立博物馆的“上海博物馆藏中国古代绘画名品展”，等等。①

(3)文创产品

上海博物馆设置有文化创意设计中心，依托上海国际大都市的人才优势，充分挖掘上海博物馆丰富馆藏文物的艺术文化内涵，深入浅出地嵌入文化衍生品，进一步强化博物馆的教育宣传作用和自身发展能力。

上海博物馆下属的上海博物馆艺术品公司与上海博物馆新馆同步发展，自 1996 年以来，依傍馆藏文物精华，坚持做好馆藏文物复、仿制品，秉持古今融汇、以人为本、贴近生活的创作理念，把文化熏陶和教育功能与商品的传播性、实用性、多元性相结合，努力使不同国籍、年龄的观众都能在参观后选到心仪的纪念品，从而实现“把博物馆带回家”的美好愿望。

上海博物馆艺术品公司以上海博物馆独有的文化资源为创造力，结合城市的人文与实际需求，以独具特色的文化方式为社会和社会发展服务，促进博物馆在国际化、现代化城市文化进程中拓展自身的社会功能、普及博物馆公共性和公益性文化。

上海博物馆艺术品公司专门经营中国古代文物的复仿制品、文创产品和文物图录、艺术书刊，开设实体店与淘宝网店。公司充

① “海上画派(1840－1920)——上海博物馆绘画和书法作品展”巴黎开展[J]. 美术教育研究，2013(7)，6.

分利用青铜、陶瓷、书法和绘画等丰富的馆藏资源为设计元素，自行设计制作了文化创意产品、馆藏复制品和图书共计三大类近500款。其文创产品涵盖如下类别：收藏礼品（仿制青铜器、珠宝盒、玻璃制品、装饰盘、滤茶杯、仿古书画）、文化用品（书签、特制水笔、笔袋、纸扇、手机壳、红包袋）、家居潮品（PVC花瓶、油画灯、木质杯垫、特制磁贴、卡通颈枕、桌旗）、专题书籍（儿童益智、馆藏精品系列、特展图录）、时尚服饰（文化衫、特制围巾、领带、雨衣、晴雨伞、包袋、金属手镯、玉饰项链）。文创产品的价格从20元人民币到9000元人民币不等。“玄赏”糕点系列、创意变形猪颈枕、青铜纹饰版米奇玩偶是上海博物馆颇具特色和代表性的文创产品。

“玄赏”糕点系列。这是配合董其昌大展而同步推出的文创产品。随着上海博物馆董其昌书画大展的展出，观众除了可以近距离欣赏书画精品，还可以一饱口福，品尝“玄赏”系列的上海米糕和山水绿豆糕。

创意变形猪颈枕。谷豕是飨，就是江南的丰年；檐下有猪，就是中国人的“家”。上海博物馆的变形猪颈枕创意来自距今7000—6000年马家浜文化的家猪陶塑。设计师依据家猪矮脚、短吻、小眼、体态浑圆、大肚贴地的造型，进行了卡通化设计，成为让人眼前一亮的创意变形枕。它裁剪细致，造型可爱，富有童趣，平日在家可以放着做装饰，出行舟车劳顿时则用来做“U”型枕，是超级实用的家居必备品。

青铜纹饰版米奇玩偶。上海博物馆推出的这款特别版米奇玩偶将米奇与上博馆藏的青铜纹饰相结合，在米奇的耳部、身体等部位分别加以印制，酷炫的黑金配色、经典的纹饰，可谓古今相会、东西交融。

上海博物馆淘宝店2015年开张，淘宝店铺名“上海博物馆”，共挑选了5大类25个品种共计130余件商品作为第一批上架的文创产品，包括收藏礼品、文化用品、家居潮品、时尚服饰、专题书籍等。这些商品的纹饰、造型100%源自上博藏品，都是其实体店的畅销产品。

除了淘宝这一网上销售平台，上海博物馆还进一步开拓文创产品的实体销售新渠道。2012年，上海博物馆艺术品公司首次与上海浦东机场股份有限公司和上海香雪海国际贸易有限公司开展合作，于2013年3月正式入驻浦东国际机场1号航站楼。这样的跨界合作在国内可谓是首创，博物馆文创产品商店入驻国际机场的做法提供了一个向海内外客人展示交流的平台，成为可以推广普及的“文物陈列室”，体现了博物馆千年中国文化之底蕴，历代名家之风韵，彰显了博物馆文化创意产品的独到之处。

4. 台北故宫博物院

台北故宫博物院于1965年落成，是中国大型综合性博物馆、台湾地区规模最大的博物馆，研究古代中国艺术史和汉学重镇。台北故宫博物院内收藏有自南京国立中央博物院筹备处、国立北平故宫博物院和国立北平图书馆等所藏来自北京故宫、沈阳故宫、避暑山庄、颐和园、静宜园和国子监等处的皇家旧藏。所藏的商周青铜器，历代的玉器、陶瓷、古籍文献、名画碑帖等皆为稀世之珍。展馆每三个月更换一次展品。截至2014年底，馆藏文物达69.6万余件文物。

(1)国际性文化输出策略

台北故宫博物院积极制定其国际性文化输出策略,重点宣传其馆藏珍品的艺术价值,将首要任务和目标确定为打造自身品牌和提高国际知名度。台北故宫博物院通过拍摄纪录片的形式,将其馆藏珍品面向全世界进行推广和宣传。台北故宫博物院与国家地理频道共同携手,早在2007年就推出了为其量身打造的纪录片“透视内幕:台北故宫博物院”。该纪录片被翻译成34种语言,同时在166个国家的电视频道进行播出。借助国际性的媒体宣传平台,台北故宫博物院向世人充分展示和分享中华文明的瑰宝,使全球观众能够得以一窥台北故宫博物院这座人类文明史上的重要宝库,进而了解台北故宫博物院传统、精髓、创新、发展。该纪录片制作精良,能够带给观众深刻的感官触动。同时,该纪录片成为台北故宫博物院藏品数字化的一项重要的研究成果,为台北故宫博物院荣获了多个重要国际奖项。

台北故宫博物院以其官方网站为平台,以中文、英语、日语、韩语、法语、德语、西班牙语、俄语、阿拉伯语等十余个语种向世界各地的社会公众展示和宣传其展览、藏品等。

台北故宫博物院本院展览设中、英、日、韩、越、泰、缅、印尼语等多语种语音导览,方便来馆参观的海外观众深入详细地了解馆藏珍品。

(2)对外展览

本研究统计了2010年至2016年七年间台北故宫博物院共引

进和输出展览的情况。[①] 台北故宫博物院一方面积极引进海外精品展览,如:“另眼看世界——大英博物馆百品特展”“幸福大师——雷诺瓦与二十世纪绘画特展”等。

另一方面,台北故宫博物院也努力将本土策划的精品展览推广到本院以外。本研究统计了台北故宫博物院2010年至2016年七年间的对外展览共七个。具体如下:2010年:“2010上海世博会·华夏百宝篇”(中国上海);2012年:“故宫数位画时代:过去与未来”(美国);2014年:“台北故宫博物院——神品至宝展”(日本);2015年:“艺域漫游——郎世宁新媒体艺术展”(意大利)、“同安·潮——新媒体艺术展”(中国香港);2016年:“帝王品味:台北故宫博物院精品展”(美国)、“艺域漫游——郎世宁新媒体艺术展”(中国香港)。

台北故宫博物院在对外输出展览时,除了上述实体形式的对外输出模式外,还积极开拓创新展览的对外输出模式,形成了极具特色的以其数字化博物馆作为平台来开展展览的对外输出。多年来,台北故宫博物院对数字化博物馆的建设进行积极的探索,对馆藏文物进行数字化信息录入,建立了新时代前沿领先的数字化博物馆。数字化博物馆使得社会公众不够空间和时间的限制,即使不亲临展厅欣赏展品,也可以通过电子设备在任何可以连接上网的地方,如临其境地欣赏院藏珍品,这种对展品的欣赏通过现代化的数字技术完全可以做到细致入微、全方位、立体化。

台北故宫博物院的馆藏珍品种类丰富,包括青铜器、陶瓷、玉器、绘画、书法、稀有图书和历史文献等。台北故宫博物院对这些

---

① 见附录4:台北故宫博物院国际交流展一览表(2010年1月到2016年6月)。

典藏的数字化过程采取了分阶段、分类别的策略。在这些为数众多的典藏中，台北故宫博物院最先选取了其中一部分作为数字化的对象，具体包括：明清陶瓷、宋代绘画和书法、佛经等。将这些藏品按照类别建立相应的数字博物馆。台北故宫数字博物馆的建设综合运用了多种前沿的数字信息技术，并进一步开发了功能强大的查询系统，同时应用水印技术对其网上图像的知识产权进行保护，还利用前沿的虚拟现实技术帮助网络用户实现对三维立体数字展品的浏览、旋转、移动。此外，值得一提的是台北故宫数字博物馆除了数字展品丰富多样这一特点外，还面向全世界的网络观众提供中、英、法、德、日、西、韩等多语种浏览页面。

台北故宫博物院官方网站上特设“主题网站”“3D文物赏析”“虚拟博物馆”等单元专栏，通过互联网给海外观众提供“近距离”欣赏院藏文物珍品的机会。“主题网站”单元专栏借助多媒体用户互动技术，以不同主题为切入点，在官方网站上向浏览者展示、介绍馆藏精品。在这一单元专栏中，向浏览者提供丰富清晰的藏品图片、文字说明、相关数据、高清欣赏，通过创造多元多维的知识学习情境，提高浏览者学习、研究的效果和收益，进而向社会公众推广数字化文化教育的方式。“3D文物赏析”单元专栏，3D虚拟文物展示系统向世界各地的观众提供文物的多维度立体展示，以及中文和英文双语院藏精品文物的文字介绍和说明。

随着数字技术的普及以及大数据时代的到来，新媒体、新技术的广泛使用已经十分普遍和常见，可见于社会生产、生活、学习、工作等各个领域和行业。博物馆界也开始在其展览策划、展陈布置过程中大量而广泛地对新媒体和新技术加以综合运用。借助于新媒体和新技术的特殊展示和呈现手段和方式，展览传达和展示展品及其相关信息的方式变得更加新颖、更加直观、更为全面、也更为有效，这种新的展示手段和技术已经为越来越多的参观观众所熟知，并且被观众所接受并欢迎。

台北故宫博物院将科技、艺术与历史三者有机密切结合在一起，运用 Kinect 动作感应、4K 超高画质表现以及 VR 虚拟实境等技术，重新诠释故宫典藏的珍贵文物，并改写科技与艺术的既有定义，以科学研究的方式剖析艺术，以艺术创作的思维研发科技，引领新媒体艺术发展的趋势。“乾隆潮——新媒体艺术展”“艺域漫游——郎世宁新媒体艺术展”“故宫书画 4G 新媒体艺术展——故宫潮·台中文创园区游”等就是这类运用新媒体技术策划展览的典型代表。

(3)文创产品

台北故宫博物院的文创产品开发历经了五十多年，始于 20 世纪 60 年代，文创产品的开发总共经历了三个阶段。最开始，台北故宫博物院的文创产品和许多其他博物馆一样，只是单纯的对文物进行复制，主要是售卖一些展出文物的仿真品，从审美性观赏性和文化性上来说，都只是局限于旅游景区十块钱五个的批发价水准。2000 年之后，台北故宫博物院开始强调对院藏文物的价值进行开发和利用，文创产业逐渐开始起步。台北故宫博物院吸取了世界知名的设计公司阿莱西在全球所做的生动活泼的艺术品的创意对文化产品进行开发。台北故宫博物院将文创产品的设计创意推向世界范围开展征集活动，大热的“朕知道了”纸胶带就是通过创意征集甄选出的设计方案。最后一个阶段，则是台北故宫博物院开发自己的高端产品系列。制作高仿瓷器和画作，发行自己的出版物，这类定价偏高的产品面向的是小众市场的高需求客户，虽然市场份额不大，但是可以通过侧面来证明博物馆的开发创意能力以及供应能力。[①]

目前，台北故宫博物院的文化创意综合能力在世界博物馆中可以说是名列前茅。台湾地区自然资源相对来较为匮乏，而将文化创意产业作为台湾地区经济政策发展的方向，可谓是激发市场活力、激活经济发展的一种巧妙构思和设计，而文化衍生品对博物馆来说，正是一种知识消费和文化消费的延伸。博物馆从其自身馆藏珍品中发掘其独特性并进而寻找文化创意和设计的灵感来源，这样做不但可以让博物馆的经济来源模式多样化，更可以以一种时尚的方式、通过知识消费和文化消费，实现博物馆的社会教育功能，同时弘扬博物馆藏品所代表的一个民族的文化底蕴。

台北故宫博物院的馆藏珍品是台湾地区最引以为自豪和骄傲的文化遗产和文化资产，台北故宫博物院以此为基础并借助这一优势，顺应世界博物馆届运营转型的大趋势，积极拓展其价值功能，积极响应台湾地区提出的“台湾设计”和“智慧台湾”的总体发展目标。因此，台北故宫博物院在保持其文物博物专业研究领域的传统优势以外，还对其文创事业的发展进行专门专项的谋划和规划，来迎接博物馆发展新的机遇、应对博物馆发展新的挑战。台北故宫博物院根据自身特点和优势，制定了“数位故宫”“智慧创意故宫”“大故宫”等战略规划，在这些战略发展规划的指导下，发展其文创产品的开发设计和销售。至今，台北故宫博物院初步形成

① 冯倩倩，黄洋.基于4P的博物馆文化产品的营销浅析——以两岸故宫博物院为例[J].中国博物馆文化产业研究，2015(0)，435－442.

了文创产品三个社会品牌，一是以馆藏精品为基础创立的文化教育品牌，二是以文化创意产品开发设计能力培养为宗旨和目标的文创人才培养品牌，三是以工业设计和艺术设计产品为框架的合作营销品牌。

台北故宫博物院不仅与本地区的文创产品生产制作公司合作，而且将合作伙伴扩展到全球范围。台北故宫博物院已经推出了近 2400 种文创商品，包括大热的纸胶带、“戴头上是发髻、拿下来是颈枕”的唐朝仕女颈枕、翠玉白菜折叠伞等。“翠玉白菜伞”“冰山一脚”潮袜、“富春山居图”茶杯垫以及“宫乐美人胡椒瓶”等文创产品，可谓从头到脚、从家居用品到厨具，生活的点点滴滴都充满了活泼的生活气息和历史文化感。台北故宫博物院将高高在上的文物与社会大众的需要进行有机的结合，开发设计出富有美学情趣和实用价值的文创产品，拉近了与社会公众的距离，激发了社会公众对博物馆的热情。

“朕知道了”纸胶带。“朕知道了”的含义是“你们所奏之事，朕知道了”。台北故宫博物院是从 15.8 万多件宫中密档朱批中遴选出“朕安”和“知道了”两组语句，如果连在一起直接付印的话，就没有现在“朕知道了”这种效果。台北故宫博物院将“朕安”和“知道了”进行合成组合，去掉“安”字，将两个语句组成四字句子“朕知道了”。这样的合成就显得很时尚，同时也让大家对康熙产生一种可爱的印象。

翠玉白菜是台北故宫博物院最具人气、最吸睛的镇院之宝。以翠玉白菜为元素和主题所开发设计的文创产品一直备受公众喜爱。其中“翠玉白菜伞”是晴雨两用伞，色调为半绿、半白，炎炎夏日或雷雨天气，手持一把“翠玉白菜伞”是再时尚不过的了。

“冰山一脚”潮袜，是台北故宫博物院在将北宋汝窑青花式温碗的冰裂纹与南宋龙泉窑青瓷相结合的基础上开发设计出了文创产品。“冰山一脚”潮袜有热粉红、天空蓝、酷炫黑三种颜色。

“国宝好玩艺公仔”是台北故宫博物院根据三个不同朝代的特色文物原型为基础，利用磁吸原理，将文物原型要素进行组合，而设计出的公仔形象，而且各个部分可以任意拼接组合，创造出不同的公仔形象。“国宝好玩艺公仔”以三代同堂的家族拟人方式分成六大主题。除收藏之外可将公仔以不同方式组立，组合出属于自己的特色公仔。

台北故宫博物院开设专门销售文创产品的官方网络商城，其文创产品涵盖如下类别：书法绘画、典藏精品（陶瓷、琉璃、铜器、珍玩）、图书影音（导览手册、特展图录、佛教经书）、流行趣味（3C 周边、趣味生活、贴纸 DIY、随身镜、手机吊饰、钥匙圈）、饰品配件、生活风格、设计文具。[①] 文创产品的价格从 20 元新台币到 90000 元新台币不等。

三 天津市各主要博物馆国际性交流状况分析

1. 天津博物馆

天津博物馆是一座展示中国古代艺术及天津城市发展历史的大型艺术历史类综合性博物馆，其前身可追溯到 1918 年成立的天

---

① 江天若. 博物馆文创产品开发研究——以台北故宫博物院和苏州博物馆为例[D]. 陕西科技大学文博，2016.

津博物院。天津博物馆是由天津文博、社教、美术、博览四个系列的馆、院汇集而成，是国内较早建立的博物馆之一。

(1)国际性文化输出策略

在世界经济全球化的大背景下，世界博物馆的发展战略和发展模式随之发生变化，天津博物馆以一种开放包容的姿态面对世界博物馆发展的新趋势、迎接博物馆发展的新机遇、应对博物馆发展的新挑战。天津博物馆积极引入世界先进的前沿的博物馆发展理念，吸收借鉴世界其他各大博物馆的各项前沿性研究成果，并将其应用到本馆各类对外交流和合作项目中，从而使更多的国内外观众能够从中受益。天津博物馆基于馆藏珍品、研究人员、社会功能、教育功能等自身优势条件，积极策划各类展览，不仅吸引本地和国内社会公众前来参观，而且积极吸引海外国外社会公众前来参观，从而发挥其天津市对外文化交流的窗口、平台和桥梁这一重要社会作用。

天津博物馆积极践行“走出去”和“请进来”并举的对外交流策略，加强与各大海外和国外博物馆、博物馆组织结构、博物馆协会的交流与合作，将天津博物馆的精品展览输出到国外，同时将国外优秀的展览引进到本馆。在展览国际性输出方面，天津博物馆的前身天津艺术博物馆、天津历史博物馆有着良好的传统，其对外输出的展览遍及欧洲、美洲、亚洲的十余个国家。在国外展览的引进方面，天津博物馆已经从意大利、法国、德国、日本等国家引进了各类大型的高水平的精品展览。通过引进展览使得天津博物馆成为文化传播和交流的平台，使得本市和国内社会公众不出家门就可以有机会欣赏到世界各地、各种文化、各个民族的不同的历史、文化、艺术。

天津博物馆已经与国外博物馆界形成了一种良性互动关系，从而推动和促进天津博物馆的对外文化交流与合作工作。这种双向交流互动关系中比较成功和典型的案例是2005年天津博物馆赴意大利罗马举办《中国·天津文物珍品展》，而意大利方面作为回应，于2006年在天津博物馆举办《意大利文艺复兴时期文物珍品展》。

天津博物馆积极引进国际高端展览。本研究统计了2012年（新馆开馆）至2016年共引进展览4个。具体如下：2013年："西班牙何塞·马利亚·卡诺艺术大展"（西班牙）、"致命的美——中部非洲古代兵器艺术展"（肯尼亚等中部非洲国家）；2014年："飞越欧洲的雄鹰——拿破仑文物特展"（法国）；2016年："永恒之城——古罗马的辉煌"（意大利）。

天津博物馆已经与埃塞俄比亚国家博物馆、肯尼亚国家博物馆分别签署并交换了加强相互合作的谅解备忘录。对天津博物馆来说，能够成为如此重要的"文化外交"的一分子，既是前所未有的机遇，也是巨大的挑战。一方面，与非洲国家的合作，无疑为宣传天津博物馆打开了一个新的窗口，在这一合作框架内，天津博物馆将成为天津文化乃至中国文化的代表之一，在宣传城市与国家文化的同时，有益于提升自身的国际形象和国际知名度；另一方面，天津博物馆从此将肩负起新的责任，需要在对外合作与交往中愈发重视本馆在外事领域的文化形象，不断提升自身整体水平，更好地发展博物馆事业和服务观众，真正做到在天津有"里子"，让中国有"面子"。

天津博物馆在与国际博物馆界进行交流时，重视官方层面交流与合作渠道的同时，还积极开拓并推进民间国际交流与合作这一渠道。2016年天津博物馆开始举办“天津国际大讲堂”，这是天津首个国际化、高水平主题活动，旨在搭建民间领域推进国际合作与交流的平台。“天津国际大讲堂”主题活动邀请“一带一路”沿线国家的驻华使节来到天津，带领天津市民领略各国历史文化、风土人情与社会万象，为津城百姓更广泛地了解国际社会提供便利。

天津博物馆还定期邀请国际知名学者、策展人来馆举办国际学术报告，以此来促进本馆人员的研究水平和策展业务水平的提升。例如：学术报告《英国博物馆的策展理念与实践》，其主讲人来自英国维多利亚和阿尔伯特国家博物馆，该学术讲座以策展人的工作流程与设计思路为报告主体，详细讲述了案例展览的展览策划背景、展览预期效果、展品确认过程、展出设计要求与展厅陈设安排等多方面内容。

(2)对外展览

天津博物馆在国际博物馆界的影响日益扩大，与国际博物馆界之间的文化交流和互动也日益频繁。近年来，天津博物馆馆藏文物赴美国、加拿大、意大利、法国、德国、比利时、芬兰、罗马尼亚、澳大利亚、日本、韩国等国展出，并与中国台湾和香港地区的博物馆界开展广泛而深入的交流，已经与多个世界著名博物馆建立起良好的交流合作关系。天津博物馆在国际社会的舞台上，大力宣传中国文化遗产，为天津博物馆界架起对外文化交流与合作的桥梁。

天津博物馆依托自身各方面的优势，充分利用网络和科技手段，如：网上博物馆、虚拟展厅，借助各种相关宣传和教育手段和媒介，面向对世界的社会公众，传播华夏文明，推广天津的历史和文化，积极努力搭建天津博物馆这一对外文化传播与交流的平台，通过这一平台，使外国社会公众在了解中国历史文化的同时，也进一步关注天津地方的历史和文化，向世界全方位推介天津。基于博物馆自身的网络虚拟空间，天津博物馆架起了一座无形的桥梁，能够有效地促进国内社会公众和国外社会公众与天津博物馆之间不受时间和空间的限制开展快速、便捷、高效的沟通、交流、互动。

天津博物馆积极探索和创新，不断开拓和挖掘展览推广与传播的新途径、新模式。除了利用官方网站之外，天津博物馆还充分利用网络电台这一传播媒体，以声音的形式向听众讲述文物背后的故事。天津博物馆志愿者团队自发制作了《有声博物馆》之“京津冀历史文化展”。天津博物馆志愿者团队选取“京津冀历史文化展”这一展览中的23件精品文物，通过声音这一全新的形式呈现给广大听众，向听众讲述文物背后的历史和故事。天津博物馆志愿者团队还进一步计划有步骤地录制天津博物馆的三个常设展览：《天津人文的由来》(古代天津)、《中华百年看天津》(近代天津)和《耀世奇珍——馆藏文物精品陈列》，以及颇具天津地方特色的《津事儿》《津味儿》等系列有声读物，让全国的广大观众、听众了解天津博物馆，了解天津的历史文化，了解中国的传统文化。

(3)文创产品

天津博物馆拥有20余万件馆藏文物，在充分利用馆藏文物资源的同时，也打造出了一批“叫好又叫座”的文创产品。天津博物馆文创起步较早，从最初的文物复制，到如今的文化创意产品，经历了质的转变。天津博物馆将馆藏文物与文创产品相互融合，突破传统思想和理念，积极探求多元化发展方式，从而满足和适应社会公众多层次的精神文化需要，吸引更广泛的社会群体走进博物馆、走进展厅，对博物馆、展览和文物产生全新的认识。

博物馆文创产品的开发设计需要考虑潜在消费者的差异性，比如：审美情趣、文化修养、消费能力、消费倾向等。文创产品在开发设计之初就需要对潜在消费者开展系统全面的调查研究，在此基础上，天津博物馆针对潜在消费群体的个性化需求，进行准确的定位，有针对性地去设计开发文创产品。在产品的定位和价格上比较亲民，产品的表现形式以实用性为主，大部分都控制在 100 元以内，吸引了学生群体以及儿童和年轻女性。

天津博物馆从馆藏文物精品中提取设计元素，以这些元素为基础进行文创产品的开发设计，形成了网络科技、生活用品、旅游用品、文教用品、食品等多形式的 200 多种文化创意产品。展厅中的文物渗透到生活的方方面面而“活了起来”，同时也将博物馆商店打造成最后一个展厅。

天津博物馆纪念品销售商店主要有平面印刷类、典藏复制品、文创产品类这三大类文化产品。纸质印刷品包括名家画册、学术资料、各大博物馆馆藏介绍等，典藏复制品包括价格高昂的古玩复制品与女性珠宝首饰，文创产品的种类有女士丝巾、男士领带、铅笔文具、冰箱贴、马克杯、挂件等。[①] 天津博物馆纪念品商品文创产品目前只依靠实体店面进行销售。文创产品的价格从 5 元人民币到 50000 元人民币不等。

---

① 韩竞，班琛.天津博物馆文化创意产品设计应用策略研究[J].艺术与设计(理论)，2015(8)，115－117.

目前，天津博物馆正在加紧工作，准备试运行网上销售系统。通过互联网所提供的销售数据，可以很直观地分析出哪些产品类型更亲民、更受欢迎，对今后的文创工作将会有很大的帮助。

太保鼎的卡通形象可以说是天博的招牌文创产品。专业设计人员对馆藏文物太保鼎进行深入研究和了解，将其形象拟人化，设计出太保鼎卡通形象。太保鼎被赋予了人所具备的正直品性和温文尔雅的气质，服装样式则配合人物性格选取交领样式，服装颜色则运用相对淡雅沉稳的色调以凸显人物性格，同时配以佩剑以示该角色文武双全。因出土年份相对较早，所以相对于同系列其他角色更为年长，披散的白发和长袍更能彰显角色地位和气质。角色外袍的花纹取自鼎腹的蕉叶纹，这是一个内涵丰富而萌萌哒的可爱形象，符合现代年轻人的审美观。①

目前，太保鼎卡通形象系列涵盖了线上及线下多种类多元素的文创商品，涉及 24 种微信动态表情包、便签本、冰箱贴、钥匙链、笔、行李牌、迷你即时贴、金属书签、手机壳、环保收纳袋、环保帆布包、抱枕、充电宝、U 盘、马克杯、手账胶带纸、甜点等家居、旅游、食品、学习用品。②

天津博物馆在文创产品的开发设计以及销售推广方面都还处于起步阶段，但文创产品的开发设计却秉持着创新的精神，以镇馆之宝为重点开发文创产品和设计卡通形象之外，天津博物馆对于

---

① 刘茵.5·18 一起约会博物馆 走进文创热潮下的博物馆[OL].天津日报，2018 年 5 月 12 日.[2019－07－10] http://news.enorth.com.cn/system/2018/05/12/035504975.shtml

② 刘茵.5·18 一起约会博物馆 走进文创热潮下的博物馆[OL].天津日报，2018 年 5 月 12 日.[2019－07－10] http://news.enorth.com.cn/system/2018/05/12/035504975.shtml

在青少年中进行文物宣传和历史教育也尤为重视。以天津博物馆藏品——乾隆时期的珐琅彩芍药雉鸡图玉壶春瓶为“主角”的立体卡通书,《一片冰心在玉壶——跨越时空的经典》,正在进入校对和印刷的最后阶段,这本十多页的立体书籍,针对青少年而开发,以立体的形式讲述这个国宝藏品的故事以及历史背景。这也是天津博物馆出版物中第一本立体书,销售渠道除了天津博物馆自身的文创用品店,也开展淘宝、当当、京东等网络销售。

2. 天津美术馆

天津美术馆是一座以收藏、研究、推广、展示近现代及当代艺术家作品为重点,并致力于审美教育与国际间文化交流的综合造型艺术博物馆。

(1)国际性文化输出策略

天津美术馆的建立旨在为全市人民普及艺术教育,传播先进文化,同时加强国际间的文化交流,推动社会主义文化建设的发展。

天津美术馆拥有国内领先水平、达到国际水准的办展硬件条件。天津美术馆总建筑面积为28065平方米、建筑层数为5层,其中最具特色的二层展厅面积1800平方米,高8米,建筑规格现居全国首位。天津美术馆借鉴国内外同类展馆的特点,融合众多设计元素,在功能上、空间上可满足国内外不同类型不同体量的展览需求,具有很强的应变能力和适应能力。坐落在湖边的美术馆充分体现了天津文化中亲水的特色。从湖边的亲水平台,到室外雕塑广场,再到一层的公共空间,从自然空间流畅地过渡到艺术空间,把室内外完美地结合在一起。

天津美术馆可同时展出国画、油画、雕塑、版画及工艺美术等不同类别的艺术珍品，能同时举办多个高质量、高规格的国内外大型美术展览，在国内美术馆中处于领先地位。天津美术馆的展厅安装有滑动自如的活动展板及活动展墙，能变化出多种不同的空间布置，满足不同展览的要求。同时展厅内配备有中央空调系统、恒温恒湿系统、中央监控系统、现代化灯光照明系统、火灾报警系统、24 小时警报安全系统等先进设施。典藏画库采用国际最新信息技术和数字化进行管理，在软件和硬件方面均达到国际水准。

（2）对外展览

天津美术馆四楼设有基本陈列展厅，以封闭展柜为主。展出馆藏近代名家作品，天津在全国有影响的画家的作品和具有天津地方特色的艺术作品。天津美术馆基于本馆馆藏策划展览，如："馆藏天津近代书画作品展（1860－1949 年）""面向现代——馆藏 20 世纪中国画展（1900－1950）""唤醒城市的记忆——天津美术馆藏 20 世纪 80 年代摄影作品展"等。同时，天津美术馆也立足于天津城市艺术，举办天津城市主题展览，以摄影、绘画、书法等艺术形式展示天津城市的过去与现在，如："一座城市的集体记忆——80 年代"摄影展、"天津故事——天津市第三届学生创意美术展"、"津门话语——津门书画院年展""寻艺天津・匠心美学——民间艺术创新展"等。另外，天津美术馆还将展览主题的范围扩大到周边地区，充分整合京津冀地区艺术资源，如："环渤海风采——京津冀鲁辽油画作品展""环渤海风采"小幅油画作品邀请展、"第二届京津冀非物质文化遗产联展"等。

天津美术馆注重与本市或周边省市和地区美术馆、博物馆、协会、高校等合作交流，共同联合办展、参与中国巡展和联展，其中特别关注于国际艺术交流展，旨在给来自不同国家、背景的艺术家一个交流的平台，同时也为观众提供一个新的视角欣赏当代艺术作品。本研究统计了2012年至2016年五年间天津美术馆引进展、交流展，共计13个。具体如下：2013年："土地一身体——我们的土地一我们的身体"澳大利亚土著艺术展（澳大利亚）、"流溢芬芳——美国当代水彩画家盖瑞·布科夫尼克作品"（美国）、"多彩坦桑——挺嘎挺嘎绘画艺术展"（坦桑尼亚）、"星云大师一笔字书法展2013中国大陆巡回（天津）"（中国台湾）、"美国当代写实油画展"中国联展·天津展（美国）；2014年："中海的女人——法国艺术家沃尔蒂作品展"（法国）、"塞纳河畔的水墨情——高醇芳师生中国画展"（法国）；2015年："海峡两岸 翰墨传情"书画艺术交流展（中国台湾）、"璀璨的欧洲绘画——16－18世纪的欧洲艺术"（意大利）、"西班牙现代雕塑大师——苏比拉克中国巡回大展"（西班牙）；2016年："HomeTown——天津·费城摄影作品双城交流展"（天津、美国）、"调和乐也——国际当代艺术展/天津·2016""三人行"同方国际2016迎春贺岁展。

(3)文创产品

天津美术馆暂无文创产品设计和开发。

四 调研结果综合分析

综上所述，与国际上先进国家的博物馆和故宫博物院等几家国内博物馆相比，天津市博物馆在国际性交流与合作方面规模较小、水平较低、数量较少，突出表现在如下几个方面：

第一，指导思想不明确，缺乏整体规划部署，不能围绕国际文化传播战略和海外观众的需要制定国际性文化输出的战略目标。

第二，组织管理体系和安全保障体系不完善，组织实施、资金保障、政策、法律规范不够完备，安全隐患与保险负担，有关文物安全的专门法规还不完善。

第三，博物馆在管理、策展等方面与国际标准接轨程度低，在国际博物馆界影响力小，在国际舞台上的知名度较低。

第四，与国际博物馆界的交流合作数量少、水平低，对外展览数量较少，内容不够丰富翔实、学术水平不高，文物专题展览多，文化主题展览少，对有关艺术、民俗、哲学、社会学等方面的内容涉足不深，展示思路不灵活，展览风格不多样化，展览寓意不深远，展览渠道单一，赴展范围不广。

第五，与国际博物馆界、国际博物馆组织的交流和合作的水平和层面不高，只是局限于最低层次上的对外展览输出、团队考察学习，在学术研究、考古、文物保护、文物修缮、人才培养方面的深层次交流很少，未树立发展综合性国际项目的意识和目标。

同时，在文创产品的设计和开发方面，天津市博物馆与国际上先进国家的博物馆和故宫博物院等几家国内博物馆相比，仍旧存在较大差距。文创产品开发设计方面存在设计过时、种类偏少、定价偏高、销售渠道单一、对馆藏开发研究力度不够、馆藏文化以及地域特色不突出等诸多问题和不足，具有生活实用功能的文创产品较为缺乏，表现出文创产品与公众实际生活结合的不够紧密。具体表现在如下几个方面：

第一，文创产品的设计形式单一。天津市的几个博物馆所售卖的纪念品主要涉及三大类别的文化产品，即平面印刷类文化产品、典藏复制品、文创产品类文化产品。从天津市的几个博物馆所销售的三类纪念品的数量和商品陈列布局来看，传统的纸质平面印刷品仍旧是销售主体，在陈列布局上占据主要和醒目的位置，销售数量也是所占比例最大，典藏复制品和珠宝首饰因其价格高昂，在陈列布局上通常也是经过精心设计的，销售数量所占比例排在第二位，而文创产品受重视程度不够，商品陈列较为随意和杂乱，销售数量所占比例排在三类文化产品的最后一位。这一现象背后的主要原因是，文创产品的形式过于单一，种类过少，缺少创新，缺乏创意，可供观众购买和选择的范围过少、空间过小。文创产品在外观和造型设计方面，只是对馆藏文物做了将其图案简单地在文创产品表面进行印制的处理方式，比如将一些馆藏文物的图案印制在明信片、T 恤上。另外，文创产品图案的选取也比较随机，没有建立在对馆藏文物进行深层挖掘和精心整理的基础上，不能体现本馆的馆藏特色，也不具有天津的地域独特性和代表性。这些因素直接导致观众和潜在消费者难以产生购买欲望，文创产品市场比较萧条的局面。天津市的博物馆要想在文创产品的销售方面有所突破，必须要打破文创产品形式单一化这一局面，组建专业的文创产品开发和设计团队，对自身的馆藏珍品进行深入研究，并从中汲取文创产品的设计灵感，并将文创产品的设计与人们的日常生活、学习和工作紧密结合起来，设计出受社会公众喜爱、满足社会公众需求的文创产品。

第二，文创产品的实用性和功能性单一。天津市的博物馆所售卖的纪念品中多数都是传统纸质印刷品，其中有一些印制有本馆镇馆之宝图案的明信片和纪念封、介绍馆藏文物精品的相关书籍和图册等，与社会公众的生活算是有一些联系，但所销售的其他纪念品与社会公众日常生活既贴心又实用的文创产品则少之又少。天津市的博物馆也推出了一些诸如铅笔、笔记本等文具用品，冰箱贴、马克杯、陶瓷台灯等日常家居生活用品，但这些文创产品的特色不够鲜明，而且其在生活中的实用性较为单一，其所能实现的功能和作用也较少。天津市的博物馆要改变这一现状，文创产品设计团队就要打开设计思路，对与社会公众生活息息相关的各个方面的用品进行广泛而深入的调查研究，并将馆藏珍品和地域特色与这些生活用品巧妙地进行结合，将馆藏与社会公众生活的方方面面相互结合，开发设计出实用性强、功能多样的文创产品，以满足不同社会群体的各种需求。

第三，文创产品不能很好地体现天津地域文化特色。从天津市的博物馆文创产品开发设计的整体层面来看，其售卖的文创产品没能凸显出天津市地域文化的独特性，也没能反映出天津市各个博物馆自身馆藏文化特色。在为数不多的文创产品上所印制的图案识别度不高，不能体现其馆藏特点，因而难以吸引消费者的眼球和关注，更无法引起消费者的购买欲望。天津市的博物馆要改变这一现状，其文创产品开发设计团队就要对本馆的馆藏珍品进行系统梳理、深入挖掘其内部联系，形成统一的文创产品设计理念。同时，天津市的博物馆的创产品开发设计团队还要将其设计灵感的来源进一步扩展，研究天津市的地域文化特色，并将其与各馆馆藏相互结合，在其文创产品的开发设计中融入天津市的地域文化特色，从而使其文创产品所体现的中国文化更具典型性、代表性和独特性。

第四,文创产品的市场营销理念不够清晰和完善。目前天津市的博物馆对于其纪念品、文创产品的销售主要是依靠设置在各自博物馆内部的纪念品销售实体商店。这种传统的、单一的销售模式和销售方式,已经不能适应和满足当下社会公众的购买方式,因而不利于自身文创产品的营销和推广。在信息社会中,传统的实体店铺的销售模式已经被打破,实体与网络相互结合,线上与线下相互联系,商品的销售渠道更为多样化、多元化。尽管由于各种体制原因,我国对博物馆进行其产品营销做了一些限制,但是考虑到博物馆的营销不是以营利为最终目的的,博物馆仍旧可以明确其营销的目的和出发点,在文创产品推广过程中,重点关注文创产品所承载和蕴含的文化价值,来扩大销售渠道,完善现有销售模式,对其文创产品采取适时灵活的营销策略和营销手段来开展销售,必将会对博物馆文创产品的营销理念进行革新,最终更会对各个博物馆文化、天津市地域文化、甚至中国文化的推介、传播做出积极而有利的贡献。

第三章 天津市博物馆国际性文化输出可行性策略研究

天津市的各大博物馆是我市对外文化交流的重要窗口和平台。而国际博物馆界也普遍认为，博物馆之间开展馆际交流与合作是十分重要且必要的。开展馆际合作是国际博物馆界未来的发展趋势所在，国际博物馆界对此观点普遍认同。对于天津市域内博物馆来说，需要进一步加强与国内其他地区以及国际各大博物馆的交流与合作，积极开展资源共享，扩大和深化文化交流，开拓创新，拓展博物馆与社会各界其他领域的交流、互动、合作，这有助于推动天津市博物馆各项事业的发展，也是天津市博物馆国际性文化输出进程的必经之路和必然选择。通过国际性文化输出，天津市博物馆可以在更广阔的国际舞台上展示天津作为一座国际化大都市的文化形象，从而将天津市悠久的历史文化、深厚的文化遗产、丰富的文化资源转变为我市自身的文化软实力。天津市文化软实力的提高，可以进一步推动天津市地方文化传播力、渗透力、竞争力、影响力的逐步提升。这种国际性文化输出和文化交流，对一座城市来说极为重要，这种文化方面的影响，通常比经济或其他方面的影响更为广泛、更为持久、更为深刻。

天津市博物馆国际性文化输出时要兼顾自身特色与文化共性。自身特色是指天津市这一地方文化的独特性，向国际社会宣传、推广天津市的历史文化、地域特点、文化传承与发展、物质文化遗产和非物质文化遗产。文化共性是指中西文化的共同点，在跨文化传播与交流过程中，也要立足接受对方的文化特征，充分考虑接受方观众的文化背景和接受能力，寻求中西文化的共通性，从而达到更加充分、更加有效的对外文化传播效果。对于天津市博物馆国际性文化输出可行性策略的研究，本研究主要涉及两大方面：一方面是天津市博物馆国际性文化输出的政策与机制；另一方面是天津市博物馆国际性文化输出中的具体形式，涵盖对外展览和文创产品这两个类别。

一　国际性文化输出中文化品牌创建

1. 博物馆文化的概念

博物馆文化，这一概念的内涵非常广泛而深刻，可以从物质文化和精神文化两个层面去理解和把握其内涵。[①]

(1)物质文化层面

从物质文化层面上审视，博物馆文化包括藏品文化和环境文化。[②]

---

① 邹霞.论博物馆文化的内涵与品质[J].湖北行政学院学报，2004(2)，89－91.

② 邹霞.论博物馆文化的内涵与品质[J].湖北行政学院学报，2004(2)，89－91.

对于博物馆来说，藏品是其之所以能够存在的基础。因而藏品文化对于博物馆文化来说就是其构成和演化的基础。藏品文化是一个博物馆的所有馆藏珍品作为整体所呈现和展示出来的系统的、完整的、具有较为清晰发展脉络和发展逻辑的总体信息含量和知识含量。藏品文化不是零散的、无序的、碎片化的所有馆藏品的原始的、未经加工处理过的堆积，而是形成了系统的、科学的、合理的、全面的藏品结构和体系，这样的藏品集合体才能称之为文化，或者是文化的代表，或者是文化的重要组成部分。藏品文化是博物馆文化的根本所在和重点要旨。藏品文化可以影响甚至决定博物馆作为文化机构的性质、宗旨、初心，因而博物馆必须要把藏品提升为藏品文化。①

环境文化也是博物馆文化的重要构成之一。狭义来讲，博物馆环境文化是指博物馆场馆的设计方案、建筑结构、设施功能、展厅布局、展陈氛围、周边环境营造。广义来讲，博物馆环境文化还包括博物馆与当地人文环境和自然环境的组合、对当地文化传统的反映等方面。博物馆环境文化的建设和营造的首要准则和标准就是与博物馆所在地地方文化传统的结合和契合。②

(2)精神文化层面

从精神文化层面上审视，博物馆文化包括管理文化和学科文化两方面。③

博物馆作为一种文化实体，其管理文化的建立可以借鉴企业

① 邹霞.论博物馆文化的内涵与品质[J].湖北行政学院学报，2004(2)，89－91.
② 邹霞.论博物馆文化的内涵与品质[J].湖北行政学院学报，2004(2)，89－91.
③ 邹霞.论博物馆文化的内涵与品质[J].湖北行政学院学报，2004(2)，89－91.

管理文化的铸造，因为二者还是有很多共同之处的。第一，博物馆需要确立博物馆文化的精神。博物馆精神是对博物馆的办馆宗旨、决心追求、发展志向等总体上倾向的一种折射和反映。第二，博物馆需要确立博物馆的价值观念。博物馆的价值观念是指博物馆管理人员和全体员工对博物馆办馆宗旨、服务目标、行为准则的内涵意义、重要作用的整体认识和评价，而当这种整体认识和评价趋于相同时，博物馆的价值观念就得以形成，价值观念一旦形成，就可以从意识形态的层面影响博物馆的发展。第三，博物馆需要规范博物馆道德，博物馆道德就是指博物馆的行为规范和准则。博物馆道德作为一种行为规范和准则，可以起到协调不同机构和个体之间相互利益关系的重要作用，诸如博物馆与社会之间的关系、博物馆同行之间的关系、博物馆与其所属员工之间的关系等。第四，博物馆需要确定其发展目标。博物馆的发展目标是博物馆对于中长期发展趋势和最终目标的一种战略规划。博物馆上下一心、齐心协力对于长期规划和短期规划的具体付诸实施，最终得以达到预先设定的目标和方向。博物馆发展目标和方向对于全体员工的工作具有极大的推动作用，是员工日常工作中行为规范和指导原则，是博物馆管理层开展日常工作和推动各项活动的重要依据。

一个博物馆若想有更加长远的发展，必须要致力于学科文化的建设，从学科的高度和视角，对博物馆的馆藏以博物馆学、考古学、历史学的学科视角加以研究和审视，不只是停留在文物资料或器物这一表层和浅层，而是上升到学科和学术研究的角度和高度，对藏品进行深入的学术研究，并在此基础上策划展览。对藏品的保护更是需要在文物保护方面持续开展科学研究。

2. 博物馆文化的特点

博物馆作为一个特殊的行业和领域，其文化具有与众不同的特色和品质特征。

(1)广博性

博物馆一词本身就有着包含万事万物的含义。随着时间的推移和人类的进步，博物馆得以迅猛发展，博物馆所涵盖的内容以及所涉及的形式均发生了较大变化，呈现出多样化发展态势。按博物馆的类型来说，博物馆有传统意义上的历史博物馆、艺术博物馆、科学博物馆、名人博物馆等。此外，为适应和满足人们多种多样的需要和兴趣，非传统意义上的博物馆也得到了迅速的发展，如：专题博物馆、专业博物馆等。博物馆的展览设计和陈列形式也打破传统，开始出现多样化的创新型发展。传统的触摸式和操作式的展览形式外，还出现了生态博物馆、无墙博物馆等以全新方式来诠释“博物”理念的新型博物馆。随着社会发展技术水平不断提高，前沿的高新技术被运用到博物馆领域，从而出现了形式更为新奇的博物馆形式，如：虚拟博物馆、数字化博物馆等。

(2)公共性

如今博物馆作为一个公共场所，社会公众可以自由选择时间进入场馆参观，并且获取自身所需要的知识和信息、获得精神和文化熏陶。博物馆的定义和内涵中至关重要、不可缺少的一个内容就是“向公众开放”以及“非营利性”。近现代博物馆的发展历程可以看做是博物馆公共性特征的逐渐形成并内在固化的过程。

(3)功能性

不同形式的文化具有其独特的作用和功能,博物馆文化作为一种特殊形式的文化同样具有其特有的功能和作用。在人类社会发展历史和进程、人类文明进步过程中,博物馆发挥了巨大的作用,而且这种作用体现在多个方面。总体来说,博物馆所发挥的作用主要有如下三个方面。一是,博物馆要发挥展品收集、收藏、保管的作用。博物馆通常会面向社会广泛征集与其自身馆藏主题定位密切相关的文物、艺术品、史料、重大事件的重要物证、重要历史人物的作品、标本。博物馆还要对这些收集文物进行妥善的收藏、科学的保管、必要的修复。二是,博物馆要面向社会发挥展品展示作用,以及借助展品发挥社会教育作用。博物馆将馆藏文物以多样的展览形式面向社会公众进行呈现和展示,介绍和传播中国的历史、传统、文化、艺术发展历史和发展成就,发挥其科普教育、文化传统教育等教育作用。三是,博物馆要发挥科学研究工作的推动作用。博物馆的科学研究主要包含两个层面。一是学科专业研究,即针对与某一博物馆馆藏类别紧密关联的学科领域开展科学学术研究。二是博物馆学研究,即针对博物馆的本质、特点、功能和作用、实现途径和手段、管理方法、事业发展开展的科学学术研究。

3. 博物馆文化品牌

天津市博物馆在进行国际性文化输出过程中,要重点关注对于天津市博物馆文化品牌的创建,这样才能有助于在世界舞台上树立起天津市博物馆文化品牌良好的国际形象。博物馆文化品牌，其内涵包括博物馆理念、博物馆行为、博物馆形象三个构成成分。①

(1)博物馆理念

博物馆理念具有公益性、人性化、个性化三个方面的特征。②

公益性理念：博物馆作为一种文化形式和文化品牌，其最核心的理念就是公益性。公益性理念对于博物馆文化品牌而言是第一要义、是本质特征。公益性理念的缘起是对于个人收藏的共同赏析并且个人收藏者之间进行藏品交换。这一做法反映了博物馆公共性这一价值观念，藏品虽为个人所拥有，但藏品及其欣赏所蕴含和体现的精神文化却是为众人所共同拥有的。要做好天津市博物馆国际性文化输出工作，其基本条件和前提条件就是要在天津市域范围内对天津城市文化资源广泛开展调研并进行深入而充分的发掘，并且保证这些天津城市文化资源是可获得并使用的。因为博物馆所具有的公益性，因而博物馆“共赏性”的内涵得以拓展和延伸。博物馆的公益性特征也为博物馆提供了更为广阔的空间，有助于博物馆在世界舞台上创立国际化的文化品牌。公益性这一价值理念必须要予以足够的、必要的重视和关注，对于公益性理念，博物馆界要群策群力来加大宣传力度。对于博物馆来说，最重要的任务和工作就是面向社会公众发挥其公益性效应，获得最大化的社会效益。这样才能形成一种良性循环，从而使博物馆得到更多社会资源的支持，进而为博物馆国际性文化输出提供更佳的

① 李中义.博物馆文化品牌与当代文化城市建设[N].中国文物报，2011－12－28.
② 李中义.博物馆文化品牌与当代文化城市建设[N].中国文物报，2011－12－28.

人文环境。

人性化理念：博物馆文化品牌的创建，要以人为中心，关注人即社会公众和观众本身，要以人为出发点，研究社会公众和观众的心理、感受和情绪、诉求和需要。博物馆在硬件场馆设施方面要体现以人为本，在软件服务方面也要体现对社会公众和观众的人性化的关怀，这样才能使博物馆在其国际性文化输出过程中，特别是文化品牌创建时，有一个更加和谐、更加理想、更加人性化的人文环境。

个性化理念：个性能够体现人性中对自我价值得以实现的要求，一个人个性的张扬能够反映出其对自我智慧和成就的自信。而对于博物馆文化品牌来说，个性是文化品牌创建的基础，具备个性特征，所创建和形成的文化品牌才能有竞争力。个性是文化品牌创作的内部动力，而文化品牌创造的外部动力的来源则是技术和市场。因而，在一定程度上来讲，对个性的尊重就是对创新的尊重。天津市博物馆在其国际性文化输出过程中，特别是文化品牌创建时，要是形成独具特色的博物馆文化品牌，就要对天津多样化多元化的城市文化资源进行合理而充分的整合，以个性化理念作为指导思想和工作原则，在文物收藏、展览设计、公众服务、社会联络、馆际合作等方方面面均要体现出天津的地方特色和个性。天津市博物馆文化品牌的个性中，要与传统的伦理元素以及天津所处的地域文化进行有机的融合，这样才能更加准确而全面地展现天津人、甚至是中国人在改造自然和创造社会的长期的历史过程中所成就的优秀文明成果。

(2)博物馆行为

在博物馆诸多行为中,收藏行为是博物馆国际性文化输出中文化品牌构建的第一步。收藏行为是构建文化品牌的基础,因而博物馆要建立科学合理机制和制度规范,从而更加有效地广泛地开展藏品征集,在更大的范围内从事藏品征集工作,积极寻求更加广阔的藏品来源和渠道。博物馆不仅要立足当下收藏过去有价值有意义的文物珍品,而且更要放眼未来收藏当代有价值有意义的艺术珍品。对于博物馆来说,收藏行为不仅仅是其众多业务活动中的一项技术性业务,要主动创新收藏行为的开展模式和开展方式,比如:市民的捐赠、馆际互换鉴赏、网络资源共享等。这样可以使博物馆的收藏行为超越其作为博物馆业务的单一性质,使其成为全社会构建文化氛围和文化网络的一种有效途径。

博物馆的收藏行为可以为博物馆带来丰富多样而颇具特色的馆藏珍品,而这些馆藏珍品是博物馆另一个行为展览设计和陈列的前提条件,为其奠定物质基础。没有行之有效的收藏行为,展览设计和陈列就无从谈起。博物馆需要对全部馆藏进行系统地梳理,以独特的审美视角和艺术视角对馆藏进行分类、组织、设计,形成完整的展览大纲,使每件展品的文化内涵得以充分的展示,最终使展览的观众在参观整个展览后获得知识、体验美的感受、深受教育。展览设计和陈列是博物馆国际性文化输出中文化品牌形成和构建的关键环节。具有天津地方文化特色的展览陈列才能吸引国内外社会公众,但是博物馆文化品牌的建立不是单单依靠一个基本陈列或主题展览就能够实现和完成的,还需要其他内容丰富、形式灵活的临时展览来起到辅助作用,同时还要适应当下流行的网络传播方式,开发基于前沿技术的数字展览。

(3)博物馆形象

博物馆国际性文化输出中博物馆文化品牌的创立需要有硬件和软件两个方面的共同支撑。硬件支撑是指外在的物质层面的支撑,而软件支撑是指服务,而这种服务的形式要与内容相统一、相协调、相一致。博物馆形象是由硬件支撑和软件支撑两者一起共同构成的,包括博物馆外在形象和博物馆内在形象两个方面。博物馆外在形象主要是指博物馆场馆建筑本身,场馆建筑本身可以作为天津城市的地标,具有能够代表天津城市本身的意义,同时场馆建筑的设计也能体现天津地方文化,具有能够传达天津地方文化的象征意义。博物馆的外在形象还包括场馆内部的各种功能齐全的设施,以及具有审美感染力的展览陈列。博物馆的内在形象是指无形的内涵精神,主要是指能够体现人性化和个性化的先进的博物馆的管理体制。博物馆在国际性文化输出中要积极寻求树立富有自身特色、具有强大生命力的博物馆形象,既要继承和发扬中华民族传统文化的精粹部分,又要与时偕行、推陈出新,在展览设计、陈列、宣传、服务等各个方面做到内容与形式的相互协调、紧密联系、密切结合。

二 国际性文化输出中政策和机制

要做到天津市博物馆国际性文化输出的切实可行、有效高效、反响良好热烈、影响范围大,首要工作是在天津市域范围内建立起全市普遍适用的、健全完备的政策支持和机制保障。

1. 建立协调机制

天津市博物馆国际性文化输出中需要建立天津市博物馆国际性文化输出、国际性交流与合作的组织协调机制。这一组织协调机制需要理清各个相关部门之间的关系和责任，建议这一协调机制由市委宣传部牵头，市外事办、市新闻办、市文化广播影视局、市文物局等局办共同组成，各局办在市委宣传部的统一领导下协调一致地各负其责。这种组织协调机制有助于统筹并加强天津市博物馆国际性文化输出工作的开展，可以更加充分、高效地整合利用天津市全市各家博物馆的馆藏资源和展览资源，以全局的高度对天津市各家博物馆展览和展品的国际性输出进行组织和管理，做到计划周全、步骤条理清晰、目的明确，最终以更加有效的方式向世界展示天津传统文化的精髓与城市的现当代发展，进一步增强世界各国对天津城市文化的了解和认同。因而，有必要针对天津市博物馆展览国际性输出的组织管理机构进行改革和完善，从协调机制入手，并以此为切入点，建立系统化、规范化、专业化的对外展览组织管理制度。①

2. 部署整体战略

天津市博物馆国际性文化输出中需要对天津市博物馆国际性文化输出的整体战略方针和目标进行全局性的部署和规划。确定天津市博物馆国际性文化输出整体战略时，要以国家整体的外交

---

① 陆建松，韩翊玲. 我国博物馆国际交流与合作的现状、问题及其政策思考[J]. 四川文物，2011(3)，89－96.

工作方针为基本原则,即“周边是重点,大国是关键,发展中国家是基础”[①]。这样天津市博物馆国际性文化输出的全局性的部署和规划的研究、起草、制定才能要做到以更高的视角看待并完成这项工作,才能使天津市博物馆国际性文化输出最终助力于天津城市软实力的提升,进而更好地配合我国外交事务全局工作。站在更高的层面,才能更好地厘清天津市博物馆国际性文化输出的整体工作思路,明确天津市博物馆国际性文化输出的方方面面的工作部署,包括宏观层面上的指导思想、工作方针、总体目标、工作思路等,也包括微观层面上的重点领域、主要任务、具体内容、输出途径和平台、输出形式和方法、具体组织实施方案、资金保障等。在天津市博物馆国际性文化输出的整体战略的指导和引领下,针对周边国家、发达国家、发展中国家,具体开展与世界各大博物馆的各类国际性交流与合作项目。

3. 拓展渠道平台

天津市博物馆国际性文化输出中需要积极努力地探索并拓展天津市博物馆国际性文化输出的渠道和平台。对于天津市博物馆与其他国家和地区博物馆的国际性交流与合作,要不断完善整个体系架构,在现有政府层面这一官方渠道之外,要积极发掘各级各类非官方渠道。国际性交流与合作渠道的拓展,需要有相关政策和措施的支持,在大政方针政策的指导下,也要有相关涉外法律法规文件的出台,这样国际性交流与合作才能在合法合规合理的范

① 陆建松,韩翊玲.我国博物馆国际交流与合作的现状、问题及其政策思考[J].四川文物,2011(3),89－96.

围内，不断创新交流与合作的渠道和模式。国际性交流与合作的民间渠道和平台的形式多样、灵活，可以包括友好城市之间的交流、友好馆际的交流与合作、国际博物馆协会组织的会议和各项活动、国际博览会、国际艺术节、国际博物馆学术会议和活动、国际博物馆商业活动等各种方式。借助这些民间渠道，天津市博物馆可以不断扩大国际性文化输出的范围和领域，使博物馆发挥跨文化交流使者的作用，真正使博物馆实现天津与世界交流的窗口与平台的作用。

4. 加强馆界交流

天津市博物馆国际性文化输出中需要加强并深化自身与其他国家和地区博物馆、相关机构以及整个国际博物馆界之间的合作与交流。天津市博物馆界需要进一步扩大本市博物馆界与国际博物馆界的交流与合作，提升我市博物馆界对外国际性交流与合作的水平和质量、深度和广度。在不断深化和扩大天津市博物馆界与国际博物馆界人文交流与合作的过程中，需要不断开拓国际性合作与交流的领域，积极创新国际性合作与交流的方式方法。

在博物馆业务交流与技术合作层面，天津市博物馆界可以与国际博物馆界开展多个层次、多种渠道、多样形式的交流与合作。在博物馆交流与合作的领域与范畴方面，天津市博物馆界需要继续扩大交流与合作的范畴，不断深化交流与合作的层次。在参与国际博物馆组织及其各项活动方面，天津博物馆界以更加积极的姿态融入诸如国际博物馆协会等博物馆国际性组织，参与诸如丝绸之路国际博物馆联盟大会这类博物馆联盟平台，借助各种国际组织和联盟平台之力，与其他国家和地区的博物馆深化合作，优势互补，探讨未来合作计划，签署展览合作框架协议，积极拓展创新文化交流互鉴的途径，开展全方位、多领域的讲求实际的交流与合作，具体包括：文物互借、展览交流、文物保管、考古发现、专业培训、学术研究、公共服务、社会教育、文创产品等。在积极参与国际组织发起的有关博物馆的国际行动方面，并将这类博物馆相关的国际行动与天津市博物馆界的自身特色相结合，不断推陈出新，比如一年一度的国际博物馆日，围绕国际博物馆日主题，结合我国重要时代背景、重大活动安排，弘扬和传承中华民族绚烂多彩的文化。在与外国民间机构和非政府组织合作方面，天津博物馆界可以通过交流与合作的方式获得更多的人才支持、技术支持、甚至资金支持。在与国际知名博物馆交流合作时，天津市博物馆界要对专业博物馆人才的培养以及博物馆领域专业技术的学习交流给予特别强调。

三　国际性文化输出中对外展览输出策略

对于博物馆国际性文化输出而言，对外展览是其中的重要途径和主要形式，对外展览能够向世界传播和展示中国和天津的历史、文化、风土人情，能够向世界呈现和展示天津的城市形象和文化形象，能够有效提升天津城市整体的文化软实力。天津市博物馆对外展览可以促进天津与世界其他国家和地区的城市之间实现文化对话、文化互鉴、文化共享，进而搭建天津对外交流与合作的桥梁，推动天津市与世界各国其他城市实现有效而深入的沟通、了解、互学、互鉴。在天津市博物馆国际性文化输出中，对外展览所扮演的角色和起到的作用是天津城市优秀传统和文化精髓的载体，起到承载和传播天津市优秀传统文化的作用，借助对外展览的国际性输出打造天津市独具特色的城市名片，推动天津在世界文明和文化交流的舞台上绽放出更加夺目、更加灿烂的光辉。

1. 对外展览输出渠道和平台

天津市博物馆国际性文化输出中的对外展览输出可以借助国内和国外多种渠道和平台来开展，对外输出展览的渠道和平台可以由初级到高级逐步提升，逐渐扩大办展规模，不断提高办展水平，持续提升办展平台。对外展览输出的起步阶段可以是简单地将本馆藏品进行对外借出，这是纯粹单一的文物外借形式。进一步深入发展，对外展览的输出渠道可以上升到与国内其他地区的博物馆联合办展并进行展览的对外输出，在这一对外展览输出平台上，天津市博物馆不再只是简单将馆藏文物外借，而是可以切实参与到对外展览主题的选定、文物的遴选、展览大纲的设计、展览布局陈列等一系列工作中。随着对外展览输出经验的积累、程序的成熟，对外展览输出便达到高级阶段。这一阶段，天津市博物馆具备单独将展览进行国际性输出并开展国际巡展的能力和实力。单独开展国际巡展，对于在世界舞台上树立天津市博物馆文化品牌形象，提升天津市文化遗产的知名度和影响力。天津市博物馆界要担起重任，根据我市博物馆现有资源的具体情况，合理定位天津市博物馆在国际博物馆界的地位和位置。在这一决策过程中，不能盲目推崇、迎合、甚至附和西方博物馆界的展览模式，也不能故步自封、墨守成规、固守传统，而是要敢于创新、勇于创新，积极探索寻求天津市博物馆国际性文化输出可持续发展的路径和途径。

具体来说,天津市博物馆国际性文化输出中对外展览输出可以借助和依靠的国内和国外对外展览输出的渠道和平台有如下几个方面:第一,国家政府部门和事业单位,如:中国外交部、中国国家文物局、中国文物交流中心。第二,国内和国外协会和学会,如:中国博物馆学会、国际博物馆协会、美国博物馆协会。第三,国内和国外博物馆馆际协作与交流平台,利用已有馆际平台或搭建新的馆际平台,并充分利用这些馆际协作平台来加强与国内和国外博物馆的交流与合作,这种交流与合作不能只是停留在单次或短期层面,而是要建立长期稳定的交流机制,使馆际交流与协作能够长期化、制度化、稳定化。第四,与博物馆相关的国家级文化交流平台、国家外交文化项目和文化活动,如:国际博物馆日、中外文化年、中外建交周年纪念活动。搭借国家级外交、文化项目和活动,不但活动规格高,而且活动覆盖范围大、影响力广泛深远。天津市博物馆国际性文化输出要充分利用好这类平台,积极宣传推广天津城市文化。第五,国际友好城市。天津市正式建立友好关系的城市遍布各大洲,包括印度尼西亚、韩国、日本、越南、美国、巴西、法国、波兰、德国、意大利、瑞典、荷兰、乌克兰、保加利亚、土耳其、新西兰、澳大利亚等,天津市博物馆要积极、充分、合理地利用好国际友好城市这类业已成熟的平台,善加利用天津市国际友好城市、友好合作城市资源,与这些城市所在地的博物馆签署合作意向,开展互换展览、学术交流等交流活动。第六,国际策展团队。天津市博物馆国际性文化输出可以借助成熟可信的国际性专业展览策划团队。国际策展团队清楚地了解和掌握展览策划的国际通行做法和惯例、展览对外输出的整个运作过程中的各个环节和程序、展览国际交流的通用规定和标准,对于对外展览的国际性输出的每个具体细节都追求完善，包括展览的筹划、设计、翻译、组织，展品的包装、国际运输、国际保险，展览的陈列、布置等。通过国际策展团队完成整个展览的国际性输出能够保证展览内容和形式的质量，实现展览国际性输出的最佳效果。①

2. 对外展览输出内容

天津市博物馆对外展览在展览设计和策划方面，需要立足天津市博物馆馆藏珍品的实际情况，反映天津城市文化、文化传统、城市特色，同时还要兼顾对外展览输出目的国家社会公众和观众的社会背景、文化背景、偏好倾向，需要因地制宜、有针对性、目标明确地规划和设计展览的主题和内容。对外展览在输出内容方面要特别注重对展览内容主题的提炼以及学术价值的挖掘和提升。天津市博物馆对外展览既要展现天津城市悠久的历史文化传统，还要体现天津作为国际化大都市所展现的现代活力和生机。这样通过对外展览向世界呈现天津作为一个城市巨大而永恒的魅力。对外展览中展出的文物和艺术品能够代表一个城市的文化软实力，是一个城市魅力和特色的精华浓缩。中国国土辽阔，各类文物遗存丰富多样，尽管文物遗存分布不均，但在地域特点和文化类型方面呈现出不同地区和城市各自独特的风采。因而，天津市博物馆国际性输出中对外展览的内容设计要充分利用并体现天津城市和地域馆藏特色以及独具特色的非物质文化遗产，从而向世界展现天津城市文化的独特风貌。

本研究对天津市主要博物馆馆藏资源和展览资源以及天津市

---

① 韩翊玲. 提升我国博物馆对外展览对策研究[D]. 复旦大学，2011.

非物质文化遗产进行了详细调研，旨在为天津市博物馆国际性文化输出中对外展览的内容提供一手信息，并进一步对馆藏资源和展览资源进行整合、筛选、归纳、整理，最终规划设计出最能代表天津地域文化特色、天津市博物馆馆藏精品的展出内容。

截至 2016 年 7 月天津市共有博物馆 49 家。按博物馆性质分为国有和民办，其中国有博物馆 37 家，民办博物馆 12 家。国家文物局将博物馆按质量等级分为“一级、二级、三级、无”四个等级，天津市共有一级博物馆 3 家，二级博物馆 1 家。一级博物馆：天津博物馆、周恩来邓颖超纪念馆、天津自然博物馆；二级博物馆：元明清天妃宫遗址博物馆。

天津市博物馆国际性文化输出可综合考虑如下九个博物馆的馆藏资源和展览资源，即三个一级博物馆——天津博物馆、周恩来邓颖超纪念馆、天津自然博物馆、一个二级博物馆——元明清天妃宫遗址博物馆、五个代表天津地方文化、艺术、人文特色的博物馆——天津美术馆、天津市民俗博物馆、天津文庙博物馆、天津戏剧博物馆、李叔同故居纪念馆。

本研究调研了九个博物馆馆藏资源和展览资源，其中天津博物馆和天津美术馆的情况已经在研究报告的第二部分对其国际性文化输出给予详细说明，在此不再重复赘述，此处是从天津市博物馆国际性文化输出的视角重点阐明九个博物馆馆藏资源和展览资源的特色和优势。本调研的原始资料主要来自各博物馆官方网站。[①]

---

① 见附录 5：天津市博物馆资源调研网址一览表。

(1)天津博物馆

天津博物馆是一座展示中国古代艺术及天津城市发展历史的大型艺术历史类综合性博物馆。天津博物馆2012年建成的新馆充分满足了博物馆陈列展览、藏品管理、学术研究、文物保护与修复、社会教育等功能需求,是天津地区最大的集收藏、保护、研究、陈列、教育为一体的大型公益性文化机构和对外文化交流的窗口。现在的天津博物馆,无论是体现着先进理念的建筑外观,还是重新架构的展览陈列,无不散发着一座大型现代化博物馆的新鲜气息。在这新鲜的身影背后是其长达百年的历史足迹。追溯其源,天津博物馆是由20世纪天津文博、社教、美术、博览四个系列的馆、院汇集而成。

天津博物馆的收藏特色是中国历代艺术品和近现代历史文献、地方史料并重,现有古代青铜器、陶瓷器、书法、绘画、玉器、玺印、文房用具、甲骨、货币、邮票、敦煌遗书、竹木牙角器、地方民间工艺品及近现代历史文献等各类藏品近20万件,图书资料20万册。

天津博物馆藏有三件镇馆之宝,分别是:西周太保鼎、宋范宽的《雪景寒林图轴》、清乾隆款珐琅彩芍药雉鸡图玉壶春瓶。

清咸丰年间(一说道光年间),曾在山东寿张县今梁山县出土七件青铜器。它们是小臣犀尊、太保簋、大史卣、太保鼎等。这些商周青铜器,器型庄严厚重,纹饰华丽繁缛,是商周青铜器的典型代表,被誉为"梁山七器"。一时间,学者们研究著录,收藏家们争相收藏,成为清末民初金石学界的头等大事。目前收藏于天津博物馆的西周太保鼎,是唯一一件收藏在国内博物馆的"梁山七器"。

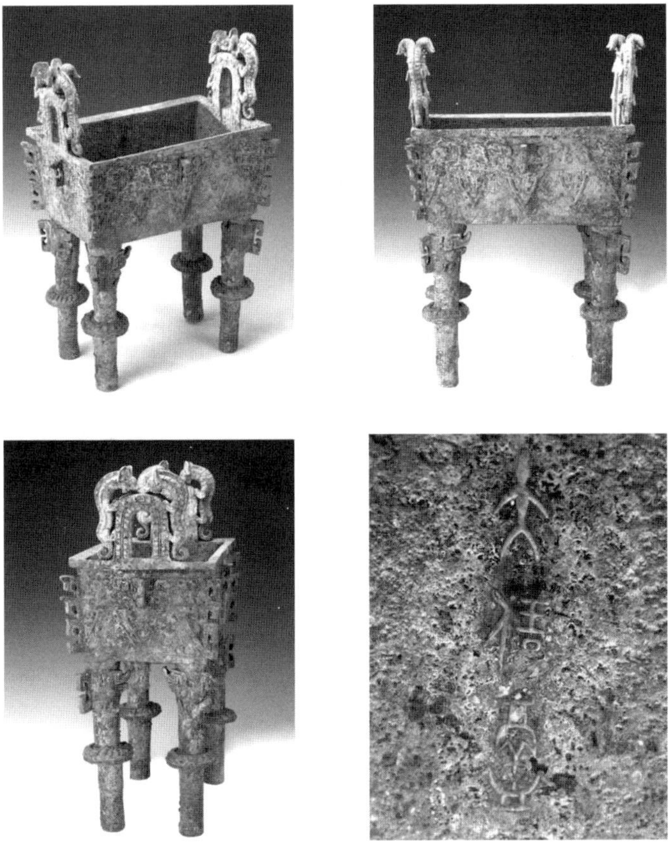

西周太保鼎

太保鼎曾被《中国美术全集·青铜器卷》收录，并于 1993 年被选送参加第三届《中国文物精华展》，又因其异常珍贵，被国家文物局确定为不允许出境展览的 64 件古代艺术品之一。太保鼎纹饰优美，造型独特，铸造工艺精湛，具有非凡的艺术魅力，历史价值与艺术价值极高，是难得一见的古代青铜艺术珍品，其名享誉海内外，堪称国之瑰宝。西周太保鼎为方形，高 57.6 厘米，长 35.8 厘米，宽 22.8 厘米，重 26 公斤。四柱足，口上铸双立耳，耳上浮雕双兽。鼎腹部四面饰蕉叶纹与饕餮纹，四角饰扉棱。最为显著的是柱足上装饰的扉棱和柱足中部装饰的圆盘，这在商周青铜器中是独一无二的，非常奇异。

宋范宽《雪景寒林图轴》

北宋山水画三大家之一范宽所作《雪景寒林图》为三拼绢的大幅画作。白雪皑皑中，雪峰屏立，山势高耸，山麓水际边密林重重。深谷寒林间，萧寺掩映，流水无波，峰峦沟壑间云气万千，真实生动地表现了秦陇山川雪后的磅礴气象。全画布置严整，笔墨浓重润泽，层次分明而浑然一体，皴擦、渲染并用，尽显山石和枯木锐枝的质感，被公认为范宽的杰作。画面前景的树干中，隐约可见“臣范宽制”的署款，《宣和画谱》中记《雪景寒林图》曾收于宫廷御府，这很可能是范宽专为宫廷而作，也必是精心之作。《雪景寒林图》历经清代著名收藏家梁清标、安岐鉴藏，乾隆时收入内府，存于圆明园。1860年英法联军掠圆明园时曾流落民间，后被工部右侍郎张翼购得。从此张翼、张叔诚父子两代对其倍加珍爱。《雪景寒林图》至今保存完好，除画绢自然变色外，几乎没有破损残缺，无疑更提升了艺术和史料价值。经过近千年的流转，《雪景寒林图》是现存于中国大陆唯一的范宽作品。历代藏家对其收藏，能目睹其精彩的人寥寥可数。连自己的家人都秘不展示的张叔诚先生，于1981年毅然将其捐给天津艺术博物馆，使得千千万万的观众不分尊卑贫富都有机会欣赏这旷世珍品。

清乾隆款珐琅彩芍药雉鸡图玉壶春瓶

清代前期，从国外进口有与景泰蓝相似的金珐琅、铜珐琅等品物。当时国内也盛行在铜、玻璃料和瓷器等不同质地的胎上，用进口的各种珐琅彩料描绘而成的珐琅彩器，其中在瓷胎上绘画的称“瓷胎画珐琅”，也就是驰名中外的珐琅彩瓷器。珐琅彩瓷，是清康熙、雍正、乾隆三朝的宫廷御用瓷。创始于康熙末年，雍正朝制作日趋精美，乾隆时期更加工巧精细，达到了登峰造极的境地。天津博物馆所藏清乾隆款珐琅彩芍药雉鸡图玉壶春瓶，是国宝级文物。高16.3厘米，口径4厘米，底径5厘米。小撇口，长颈，腹部下端丰满，圈足。瓶胎质细腻洁白，胎体轻薄，釉面莹润如玉，上用珐琅彩绘画。颈部用蓝料彩绘上下两组蕉叶纹，腹部珐琅彩绘芍药雉鸡图：两只雌雄雉鸡栖身于山石上，彼此相偎，作态亲昵，周围衬以芍药花及秋季花草。空白处墨彩题诗："青扶承露蕊，红妥出阑枝。"引首朱文"春和"印，句尾白文"翠铺"朱文"霞映"二方印。瓶底赭彩四字方款"乾隆年制"。这件玉壶春瓶，构图十分精美，芍药雉鸡寓意金鸡富贵，有吉祥的含义。画工精细入微，绘画图案取自清代宫廷画家的手稿。此瓶集诗、书、画、印于一身，有如一幅展开的画卷，称之国宝名副其实。

天津博物馆常设三个基本陈列：《天津人文的由来》（古代天津）、《中华百年看天津》（近代天津）和《耀世奇珍——馆藏文物精品陈列》，重点展示天津在中国近代化进程中的历史意义和重要地位，以及中华民族在数千年文明进程中积淀的丰厚物质遗存。2012年新馆开馆之际，依托天津博物馆历代艺术品收藏系统丰富的特色，特别策划展出书法、绘画、瓷器、玉器、吉祥文化、文房清供、民间艺术等8个文物艺术品专题陈列。《聚赏珍玉——中国古代玉器陈列》《青蓝雅静——馆藏明清青花瓷器陈列》和《智启津沽——严修与天津近代文化教育》具有代表性的三个主题展览。

基本陈列《天津人文的由来》概略地展示了天津自旧石器时代末至清朝中后期上万年的历史进程，揭示了天津从不毛之地到运河城市的曲折过程，对于因河、海交汇与毗邻首都而形成的军队屯驻、人口聚集、漕运枢纽、商品流通等影响古代天津发展的重要因素给予了突出展示。

基本陈列《中华百年看天津》是天津博物馆最重要的基本陈列之一。展览展示了天津自鸦片战争后至中华人民共和国成立的一百年间的风雨历程，表现了天津人民在争取民族独立，实现国家富强的历史进程中，在屈辱中奋起抗争，一代又一代的仁人志士，在津沽大地上进行的艰苦卓绝的探索和不屈不挠的奋斗。从抵御外侮、政治变革、经济发展、文化交融和中国共产党领导的新民主主义革命等方面突出了近代天津在百年中国的历史地位，揭示了天津发展成为中国北方最大工商业城市和中西文化交汇前沿的曲折过程。

基本陈列《耀世奇珍——馆藏文物精品陈列》展厅面积 840 平方米，共展出馆藏古代青铜器、玉器、书画、瓷器、工艺等类别文物中最具代表性的艺术珍品 63 件套，通过对每一件珍品文物的深度诠释，凸显中华文明的悠久醇厚，更让观众从中真实感受古代中国人高度的艺术想象力和创造力以及天津深厚的文物集藏传统。

主题展览《聚赏珍玉——中国古代玉器陈列》的陈列内容以六十年来考古发掘玉器的成果和目前学术界对玉器研究的状况作为其科学性与学术性的基本依据。利用馆藏玉器把古人对玉器的艺术创造放入空间隧道，同时将它们放进文化的大视野里，发掘它们文化的意涵和深度，从中体现古人在玉文化中的地位和作用，以及他们对玉器的审美视点与价值观点，展现中国古代玉器和玉文化的多种成就。陈列内容共分七个部分：(一)玉蕴神奇——新石器时代玉器；(二)玉炫王权——商代玉器；(三)以玉从礼——周代玉器；(四)玉兆祯祥——汉代玉器；(五)玉之新韵——魏晋南北朝玉器；(六)美玉纷繁——唐宋辽金玉器；(七)玉之大成——明清玉器。每个部分有若干个专题，共 33 个专题。整个主题展览体现了玉器及玉文化在不同历史时期的特点、功能、价值、造型、纹饰及文化内涵。如：史前时期的神话与宗教、汉代吉祥文化、唐玉中的佛教、宋元阿拉伯文字、清代的痕都斯坦玉。本陈列是以天津博物馆所藏玉器为主体展品，附加必要的辅助展品。实物展品典型精美，观赏性强；辅助展品简要明确，说服力强。文字说明在具备学术性基础上简明扼要，通俗易懂。另外，本陈列有意识的加强对玉器的审美提示和鉴赏提示，来引导观众对古代玉器及玉文化知识的感悟度、审美水平和鉴赏能力，增强了陈列的特色及新鲜感。

主题展览《青蓝雅静——馆藏明清青花瓷器陈列》。中国是瓷器的故乡，青花瓷器是中国古瓷器中一朵绚丽的奇葩。青花瓷胎质细腻，釉质滋润，白地蓝花，给人以清新素雅的美感，具有中国传统水墨画的效果。自元代以后，经久不衰，其丰富的造型、精美的纹饰、高雅的气质，深受国人喜爱，成为明清瓷器的主流。不仅如此，青花瓷还远销海外，有着强大的生命力，受到中国周边国家的推崇与仿制。天津博物馆收藏明清青花瓷数目众多，各朝代有代表性的器物均有收藏，自成体系，独具特色。本展览共展示文物250余件，让我们共同漫步于高雅的青花瓷中，细细地去品读，领略其中的魅力与内涵，获得美的艺术享受。

主题展览《智启津沽——严修与天津近代文化教育》。近代以来随着开埠通商，天津作为北洋重镇和直隶省府，在当时“教育救国”和“实业救国”浪潮的影响下，逐渐形成了以“商绅”和“学绅”为主的新绅士阶层，严修就是其中的典型代表。严修是我国近代著名教育家、南开系列学校“校父”。作为我国新旧社会转型中的重要人物，严修在贵州学政任上首倡经济专科；在积极推广新式教育过程中他又成为北洋集团教育界的关键人物；他既是诗人、藏书家、书法家，又是我国博物馆和新剧（话剧初传入我国的名称）事业的开拓者。为开启民智，严修全身心投入到天津地方的各项事业。

(2)周恩来邓颖超纪念馆

周恩来邓颖超纪念馆位于天津风景秀丽的水上公园北侧，是一座园林式的伟人纪念馆。建筑高 21.3 米，主体为三层，布局呈“工”字形，屋顶采取传统重檐形式并结合现代工艺，石材屋面，外檐镶嵌花岗石，色彩朴素淡雅。馆外纪念广场、巨型花岗岩雕像《高山仰止》、不染亭、纪念林、草坪花卉与主建筑相互衬托，环境幽雅，气氛庄重。馆内藏品丰富、文物价值弥足珍贵。现已征集文物、文献、照片及其他资料 8000 余件，珍品达百余件。

周恩来邓颖超纪念馆展厅包括瞻仰厅、生平厅、情怀厅以及竹刻楹联厅和书画艺术厅。

瞻仰厅正面耸立着周恩来邓颖超的汉白玉雕像《情满江山》，大型壁毯《海阔云舒》作为背景，两侧浮雕墙镌刻出五四运动、南昌起义、红军长征、西安事变和开国大典、祖国建设等历史性画面。

生平厅包括九个部分。(一)风采：展示周恩来、邓颖超在各个历史时期的合影照片和代表性的手迹诗词。(二)追求真理：记述他们立志救国、领导爱国运动、从事建党活动的早期革命历程。(三)拯救中华：再现周恩来领导南昌起义、坚持白区斗争、参与指挥长征、推动全民抗战、指挥解放战争及建立新中国等革命实践活动。(四)总理国务：介绍周恩来出任政府总理、擘画建设宏图、促进民族团结、坚持独立自主和为促进世界和平作出的不朽贡献。(五)领导妇运：展现邓颖超在领导妇女运动、增进与世界妇女交往中所做出的突出功绩。(六)力挽狂澜：反映周恩来在“文革”期间，坚持顾全大局、保护大批干部、战胜反党集团、重构四化蓝图的雄才大略。(七)继承伟业：回顾邓颖超晚年肩负党政要职、支持改革开放、增进国际友谊的卓越工作。(八)英灵永驻:追溯举国上下沉痛悼念敬爱的周恩来、邓颖超同志的情景,敬展先后敬放两位伟人灵骨的骨灰盒。(九)遗愿化宏图:表现全国人民继承周恩来和邓颖超等老一辈无产阶级革命家的遗志,以党的十五大精神为指导,把建设有中国特色的社会主义事业全面推向21世纪。生平展厅采用复原场景、微缩景观、灯箱图表、超宽银幕、背投式大屏幕、触摸式显示屏等现代科技手段和大量翔实的历史资料、珍贵的文献文物,全面展示一代伟人、两位楷模的风采。

情怀厅分三部分。(一)伉俪情深:再现两位伟人在革命中产生爱情,爱情激励他们献身革命的崇高情谊。(二)爱满人间:赞颂他们热爱祖国、热爱人民的真挚情怀。(三)举世敬仰:展现全国各族人民和世界人民无限爱戴两位伟人的挚热情感。

楹联厅和书画厅汇集并展示来自全国的知名人士和著名艺术家讴歌周恩来、邓颖超的竹雕艺术品和书画作品。

周恩来邓颖超纪念馆基本陈列分为三大展区,即:主展厅、按1∶1比例仿建的北京中南海西花厅专题陈列厅、专机陈列厅。主展厅内有:周恩来生平展"人民总理周恩来"、邓颖超专题展"邓颖超——20世纪中国妇女运动的先驱";西花厅专题陈列厅设有复原陈列和主题文物展"伟大的情怀";专机陈列厅陈列着苏联政府赠送给周恩来总理的伊尔—14型678号专机,现为国家二级文物。纪念馆的展览主题突出,天津地域特色鲜明,生动再现了周恩来、邓颖超两位伟人光辉灿烂的一生以及为祖国、为人民鞠躬尽瘁的优秀品质和崇高精神。

周恩来邓颖超纪念馆以多种功能来发挥其教育作用。由中央文献研究室与纪念馆联合组建的周恩来邓颖超研究中心,对周邓的生平、思想进行深入广泛的学术研究。收藏与两位伟人有关的各种载体的中外出版物和文物文献资料。该中心还将利用计算机网络技术设置电子阅览室,为国内外研究人员提供资料信息。

(3)天津自然博物馆

天津自然博物馆前身是北疆博物院,于 1914 年由法国传教士桑志华创办。天津自然博物馆新馆占地面积 5 万平方米,展示面积达 1.4 万平方米,是中国最大的自然博物馆之一。新馆包括常设陈列区、临展区、体验娱乐区、科普教育区四部分。藏品总数 36 万件。

陈列以"家园"为主题,一至三层分别设"家园 · 探索""家园 · 生命""家园 · 生态"三个展区。馆藏动、植物标本及古生物、古人类化石约 40 万件,其中一、二级珍品 1282 件,模式标本 1452 件。天津自然博物馆是全国第一个主题单元化、全景式展示的自然探索、科学体验、科学教育的自然博物馆。

"家园 · 生命"展区由"远古家园"和"现代家园"两大部分内容组成,采用古今结合的主题单元展示方式,展出古生物化石、岩矿及现生动植物标本近万件。依托新的地球观和最新科学研究成果,展示地球家园 38 亿年来生命世界由无机到有机、由单细胞到多细胞、由简单到复杂、由低等到高等的发生、发展,直到现在波澜壮阔、跌宕起伏的演化历程。展览分为八大单元:生命诞生,地球不再荒寂;神奇爆发,生物从此繁盛;各显其能,争霸喧嚣海洋;从水到陆,开拓崭新家园;多样演化,爬行鼎盛一代;鸟儿飞天,天空的新主人;兴衰更替,哺乳动物辐射;人猿分野,智慧生物起源。在空间布局上,整个展厅被划分为三大区域,每个区域选取具有代表性的生物作为设计布局的形式。第一区域选取水母为代表生物,根据其形态而布局;第二区域选取了从水到陆的代表性生物乌龟,以龟甲作为设计布局形式;第三区域以人类的大脑形态作为布局的基本形态。

“家园·生态”展区以美国著名慈善家、天津市荣誉市民肯尼斯·贝林先生历年捐赠的200多件珍稀世界野生动物标本为基础,同时增加馆藏部分珍稀野生动物标本,如大熊猫、金丝猴等,共同展示世界各大洲的典型动物群。

“家园·生态”展区在设计理念上突出生态系统,形式上以大景观、大手笔来体现,展示生态系统的多样性。每一大洲动物群以若干个景观组成,每个景观以不同的场景来展示,每个场景又由动物生活中的一个典型故事来表现。利用人工造景及背景画,结合各种现代化的展示手段,准确、科学地将世界上最具代表性的野生动物及其生态环境再现于观众面前,生动展示动物生活的真实场景。展览内容丰富,表现形式多样,既有展板,又有多媒体,同时有互动设置,提高了观众的探索欲望。以期达到贝林先生的捐赠目的:“让没有机会到这些地方的孩子们通过参观我们的展览有身临其境的感觉”。展览主要包括以下八部分:(一)澳洲:活化石大陆。在澳洲,以有袋类为代表的古老物种至今在这里繁荣。在澳洲景观中,展现了以有袋类动物为代表的最原始的哺乳动物。(二)南美:神奇的雨林。集中展现亚马孙河热带雨林动物群,重点突出了亚马孙在世界上生物多样性最丰富的特点。(三)北美:野性新世界。以落基山脉脚的平原和森林为景观,集中展现北美森林和草原动物景观。(四)南极:冰雪的童话。以企鹅为代表,集中展现冰雪世界中的动物高超的生存本领。(五)北极:消融的冰川。以北极熊为代表,展现全球气候变暖下的北极动物们的家园,警示人们要保护地球生态环境。（六）非洲：原野生与死. 以非洲三个典型的自然景观为背景，展现稀树草原动物群、非洲荒漠动物群和非洲热带雨林动物群，同时还特别展示了非洲马赛人的生活场景及生活用具，不仅让观众了解非洲的动物，同时也了解非洲的文化。（七）欧亚：生命交响曲。欧亚大陆作为世界上最大的大陆，拥有得天独厚的地理优势，孕育了成千上万的特有动植物。在这部分，集中展示欧亚山地动物和森林动物群，不仅有大熊猫、金丝猴等中国代表动物，也有欧洲盘羊、黇鹿等欧洲典型动物。（八）贝林科普教室。在这部分中，一方面展现贝林先生的奋斗历程和他对世界的回报，另一方面也充分体现科普教室科学传播的功能。

北疆博物院（法文名：Musee HongHo PaiHo 黄河白河博物馆），为天津自然博物馆前身。由法国天主教耶稣会神甫、博物学家桑志华（Paul Émile Licent，1876—1952）于 1914 年来华创建，在 20 世纪二三十年代被誉为世界上“第一流的博物馆”。北疆博物院建筑由三部分组成，即北楼，陈列室和南楼，南楼、北楼两座建筑以连廊相接，整体建筑呈“工”字形布局。北疆博物院藏品包括动物、植物、古生物、古人类、岩石矿物标本以及历史民俗文物 20 余万件，奠定了天津自然博物馆馆藏基础，在 20 世纪 30 年代享誉世界。其出版著作、刊物已列入世界自然科学文献宝库，在国际上享有极高的声誉。1991 年北疆博物院旧址被天津市人民政府命名为“天津市文物保护单位”。

北疆博物院南楼展览共分三层。一层展厅是北疆博物院陈列室，是由法国永和营造公司设计建造，展示内容包括地质学、古生物学、史前学和人种学。北疆博物院收藏的哺乳动物化石在中国新生代地层哺乳动物化石研究中具有举足轻重的作用。展厅内展出的古哺乳化石数量达5000余件。展厅内展出的石器部分展品涵盖了桑志华在1920年至1935年间于辽宁、甘肃、内蒙古、宁夏等地采集的古人类化石模型、旧石器、新石器及各类文化遗物等共计392件。二层展出的是现生动、植物标本。北疆博物院多年来一直聘请法国、俄国等不同专业的专家学者对标本进行边收藏边整理、分类、鉴定和研究工作，卓有成效。这些标本虽说是比较普通的标本，但100年前桑志华采集这些动、植物并做成标本，然后分门别类地陈列在展厅中，让观众来参观，向观众普及自然科学知识，特别是在相当落后的中国社会，是非常难得的。这也正是北疆博物院能成为当时世界著名的博物馆之一的一个重要原因。二层展厅内展出的藏品有植物617件、动物6000余件。三层展厅以北疆皮张标本和浸制标本为主要展示内容，其中近百年的鸟类标本、近2000件两栖爬行、1600尾鱼类及兽类、无脊椎动物标本；除此之外，还展示了一些文物史料，如：老式的地图柜、采集用的藤条筐等；另外，还有北疆博物院留存下来的，来自四位西洋画家的作品14幅《平定准噶尔回部得胜图》铜版画。

北疆博物院藏各类图书14000余册、地图900余张以及各类印版等文献资料。北疆图书涉及地质学、古生物学、古人类学、考古学、动物学、植物学等20多个学科，其中80%为外文语种，相当一部分都是当时世界顶级学术研究成果的代表性著作和当时在国际上颇具影响力的连续性期刊。此次展出的图书共2000余册，其中有法国动物学家、古生物学家乔治·居维叶的代表作《四足动物化石研究》（拉丁文，13册）、法国著名博物学家雷奥米尔的《昆虫史记》（法语版，1734）、18世纪最杰出科学家林奈的代表作《自然系统》以及19世纪意大利著名真菌学家萨卡杜的《真菌汇编》（拉丁文,26册),北疆博物院25年间最重要的学术成果《黄河白河十年实地调查记(1914－1923)》《黄河白河十一年实地调查记(1923－1933)》是本次展出的最珍贵展品。

古生物库房是按原北疆博物院南楼的古生物库房进行复原的。当年桑志华、德日进等人在我国西北、华北等地采集、发掘得到的岩矿、古生物、古人类标本及史前考古遗物送回北疆博物院后,均在古生物库房内进行修复整理、分类鉴定和科学研究。众多举世瞩目的对中国古生物学与史前研究领域起到奠基作用的研究成果都在此处完成,其中包括桑志华等人在甘肃庆阳、内蒙古萨拉乌苏、宁夏水洞沟、河北泥河湾及山西榆社等地的多次重大发现。

北疆科学考察历程展分为楼上楼下2个独立两个展室、两条线索分别对桑志华等人25年的科学考察历程加以展示。第一展室中,首先对北疆博物院25年科学考察历程进行全方位,多视角进行深度挖掘,在此基础上,重点对甘肃庆阳、内蒙古萨拉乌苏、宁夏水洞沟、河北泥河湾及山西榆社五大地区进行的具有划时代意义的地质古生物与古人类科学考察进行了全景式的叙述,以大量的原始照片资料、桑志华等人的手稿笔记、标本实物以及图表等方式,再现北疆博物院25载栉风沐雨的科考历程,对北疆博物院所蕴含的科学态度与人文精神做出具象化阐释,生动地展示了北疆博物院在中国乃至世界科学发展史、博物馆发展史上具有的重要影响,更高层次诠释北疆博物院在中外自然科学领域的历史地位和影响以及可歌可赞的科学精神。

北疆科学考察历程展第二展室,以大量的原始照片、资料、桑志华等人的手稿笔记、标本实物以及图表等方式,重点再现北疆博物院25年间持续不断地对我国黄河流域以北广大地区的动物和植物资源进行科学考察，多视角、全方位深度回顾了对我国滨海地区、华北地区以及西北地区的科考艰辛历程，伴随臻至的展出精品，在历史回顾中进一步诠释北疆博物院在中外自然科学领域的历史地位和影响以及可歌可赞的科学精神。

昆虫实验室是北疆博物院当年重要的标本整理及研究场所，昆虫实验室依据历史照片复原及部分工作场景重现，旨在展示北疆博物院当年昆虫整理与研究的工作场景，以此揭示北疆博物院当年科研人员严谨的科学精神，这里的一景一物不禁让人瞬间回到昔日的北疆博物院夜以继日的工作态度。

动物实验室是北疆博物院当年重要的动物标本整理和研究中心，当年桑志华等科研人员就是在这里对采集的动物标本进行初步防腐处理、分类整理、制作干制和针插标本等不同类型标本制作，展品包括时所使用过的标本玻璃瓶、解剖镜、解剖刀等实验工具以及当年科研人员在此工作的原始照片资料等。此外，实验室中还展出了当年北疆博物院使用过的卡片柜以及用于记录标本鉴定结果和分类的卡片等珍贵实物资料。

(4)元明清天妃宫遗址博物馆[①②]

元明清天妃宫遗址博物馆是展示古代建筑基址、妈祖崇拜现象及其文化形成的原因和过程，浓缩天津城市形成与发展的遗址类博物馆，是天津市第一座遗址类博物馆。

---

① 赵文刚，郑宝芳.海洋文化与元明清天妃宫遗址博物馆[J].中国博物馆，2002(3)，87－90.

② 王菁.堆积天津厚重的古代文化遗存——探访天津元明清天妃宫遗址博物馆[J].天津支部生活，2013(8)，23－24.

元朝海运的兴盛，促使了中国北方地区第一座妈祖庙——大直沽天妃灵慈宫（公元 1281—1284 年）的诞生，它比建于明代永乐二年（1404 年）的天津卫城早 100 多年，与福建湄州妈祖庙、台湾北港朝天宫并称为中国三大妈姐庙。数百年来的颓废兴衰，留下了积淀深厚的古遗址。

1998 年 12 月—1999 年 1 月，为配合城市建设，天津市考古工作队对遗址进行了发掘。此次发掘出了元代建筑基址与明、清时期天妃宫的大殿基址，并出土了大量的元、明、清建筑构件和生活用品。这是天津考古第一次在市区范围内发现地层关系明确的元代遗存。出土的元代蓝色琉璃筒瓦和明代绿色琉璃筒瓦表明，元明时期的天妃宫是等级较高的官庙。根据遗址内的建筑施工基槽提供的剖面推断，存在有宋金或更早的遗存。该遗址文化内涵丰富，层次清晰，是天津市区内堆积最厚的古代文化遗存。

主体建筑中央大厅展示的是考古发掘出土的元代建筑基址和明、清时期天妃宫大殿基址。其周围设两层殿厅，200 米长展线，展出 200 余件遗址出土的文物及 300 余幅图片。展览的主题为“海洋的旋律”，分为“浩瀚的海洋、神奇的妈祖、河与海的城市、永恒的遗址”四个部分。讲述人类认识、利用海洋、从事海洋文化活动的过程；妈祖崇拜现象及其文化形成的原因和过程；天津城市的形成与发展；天妃宫遗址考古发掘成果及意义等内容。

第一部分“浩瀚的海洋”，介绍中国古代先民对于海洋的认识和利用。用考古发掘出的“贝丘遗址”图片、神话传说，古代先民所遗贝壳、石器、陶器等物证及我国航海船舶演变的展示，讲述古代先民对海洋的早期利用及人们的海洋崇拜从崇拜虚构神灵到崇拜现实社会人的转变过程。通过照片、图表和实物，展示中国在几千年认识和利用海洋的过程中形成的独具特色的古代中国海洋文化。一幅巨大的《海洋神话》壁画生动地向观众述说了“大壑归虚”“禺强巨龟”“鲲鹏抟扶摇”“伍子胥为涛”“海上仙山”五个有代表性的神话故事，形象地说明了古人对于大海、陆地、海风、波涛和潮汐的朦胧、神秘的认识。并以图表、解说等形式介绍了战国阴阳家邹衍的“大九州说”、明代徐光启主持制造的中国古老的地球仪，明代万历年间绘制的《坤舆万国全图》，宋代吕昌明的《浙江四时潮候图》，晋代测风的“相风鸟”、商代的“独木舟”、战国的“帆船”、秦汉时期的大海船，以及《郑和航海图》，说明了古代先民从海陆关系和海洋地貌、海洋潮汐、海洋利用等几个方面探索海洋并且日益趋向科学的认识过程。并说明在人类长期认识和征服海洋过程中以及人与自然的矛盾冲突和对美好生活的追求憧憬中，创造出能够征服海洋、解救危难的海神林默，使成为人们世世代代寄托理想、祈保平安的超自然的力量的化身。

第二部分“神奇的妈祖”，通过“林默诞生”“海上救难”“湄屿飞升”“神女护使”“圣泉救疫”“钱塘助堤”“神女助漕”“涌泉济师”八个民间故事组成的巨幅油画，叙述了海神林默从人到神的演化过程和我国先民与自然斗争的种种侧面展示了历朝历代对妈祖的崇拜，以及妈祖文化伴随着华人的涉洋过海在海外的传播。其中最吸引游客的是天津皇会仪仗所反映的妈祖文化对天津的政治、经济、文化的重要影响，极具地方特色。该部分还重点介绍了祭祀妈祖的民间活动“皇会”，展示了天后娘娘“出巡”乘坐的“宝辇”和《天后宫过会图》，反映了天津皇会由单纯的祭祀典礼发展成为民间娱乐活动的过程。

第三部分“海与河的城市”，通过照片和实物向观众说明距今五千年前，退海地加上河流入流过程中泥沙的淤积，造就了辽阔神圣的天津滨海平原。用在天津大直沽地区采集的岩心标本，真实记录了全新世以来天津市区地质变化的过程。古代先民在这片海与河赐予的土地上，繁衍生息，从金朝设立“直沽寨”、元朝设立“海津镇”、到明代设立“天津卫”的城市发展的历史及其过程。从元代的海运图到明代的《重修三官庙记》碑刻，再到清代天津卫故城城砖，直至清末的铁炮、炮弹，讲述了天津由寨到卫到县的城市演变过程，及外国租界的建立对当今城市格局的深远影响。重点反映直沽地区是元朝漕粮集中和转运的要地，曾经车水马龙，繁华昌盛。展览还突出展示了沿海地区一道道与现代海岸线走向大致相同的贝壳堤，说明贝壳堤是由贝壳残骸堆积而成的海岸沙堤，是经过潮汐和风浪对海底泥沙、贝壳冲刷、搬运逐渐形成的。天津滨海平原的贝壳堤是一道美丽壮观的古海岸线的遗迹，其完整程度国内外罕见，被国家定为“天津古海岸线与湿地国家自然保护区”。

第四部分“永恒的遗址”，展示了经过文物保护处理的天妃宫遗址平剖面及出土文物——明代任天祚撰《重修敕建灵慈宫天妃碑记》残碑额、龟趺以及大量明清时期的陶器、瓷器、装饰品、钱币、砚台等。这部分全面系统地介绍了大直沽天妃宫（天妃灵慈宫）的创建历史和发展过程。中心展厅为元明清大殿基址的发掘现场，博物馆展示的200余件元、明、清时期的琉璃瓦、瓦当、滴水、脊兽、鸱吻等建筑构件，碗、盘、盏等生活用品，棋子、石砚等文化用品及宋和明清的钱币都是此现场出土的文物。带有使用痕迹的各种杯、盏、罐、壶及清代民居墙体遗迹，反映了历史上天津人生活的状况和足迹。从大殿的复原模型可以看出天妃宫原有建筑的恢弘；残碑、龟趺讲述了这座高等级庙宇由兴盛到衰落的历史变迁；水缸、酒坛、泥棋子等出土文物又生动地反映了当时劳动人民的生活场景。考古证据说明了大直沽天妃宫遗址是目前天津市区文化堆积最厚，内涵最丰富的古代遗址，对于研究天津城市的形成与发展，充实天津历史文化名城的内涵有着重要意义。

博物馆前方广场中央矗立一通柱式妈祖像。通柱象征桅征，采用浮雕手法，自下而上雕刻着代表元、明、清三代不同的海洋图案。柱的顶端立一尊妈祖像，双手轻捧在胸前，双目远眺，盼望远航的人们平安归来。这尊妈祖像是海内外其他反映妈祖体裁的雕塑中，唯一采用“人”形设计的妈祖形象。

(5)天津美术馆

天津美术馆是一座以收藏、研究、推广、展示近现代及当代艺术家作品为重点，并致力于审美教育与国际间文化交流的综合造型艺术博物馆。天津美术馆借鉴国内外同类展馆的特点，融合众多设计元素，在功能上、空间上可满足国内外不同类型不同体量的展览需求，具有很强的应变能力和适应能力。坐落在湖边的美术馆充分体现了天津文化中亲水的特色。从湖边的亲水平台，到室外雕塑广场，再到一层的公共空间，从自然空间流畅地过渡到艺术空间，把室内外完美地结合在一起。

天津美术馆的馆藏涵盖中国近代名家作品在中国有影响的天津画家的作品以及具有天津地方特色的艺术作品，藏品种类包括国画、油画、版画、雕塑、摄影等艺术形式。

天津美术馆四楼设有基本陈列展厅，以封闭展柜为主。展出馆藏近代名家作品，天津在全国有影响的画家的作品和具有天津地方特色的艺术作品。基本陈列展厅展出基于本馆馆藏策划的展览，如："百年流变——历史视野下的天津当代艺术足迹"、"馆藏天津近代书画作品展（1860－1949 年）""面向现代——馆藏 20 世纪中国画展（1900－1950）""唤醒城市的记忆——天津美术馆藏 20 世纪 80 年代摄影作品展"等。

天津美术馆也定位天津，梳理天津美术发展历程，举办系列展览"百年流变——天津近现代美术发展历程"。该展览展出水墨画、油画、版画共 70 余件（套）。在 20 世纪中国社会的政治、经济、文化的剧烈变革和迅猛发展的背景中，天津美术既继承传承又吸收新法，发扬传统与改革创新，形成了独具本地特色的美术风格，作品呈现出多元化发展趋势，并产生出一大批在国内外具有影响力的艺术家，使津门美术在中国画坛具有相当位置。此次参展的艺术家包括李叔同、李骆公、秦征、邓家驹、张京生、王元珍、张兆祥、刘奎龄、刘子久、陈少梅、赵松涛、曾景初、王麦秆、沈尧伊等。展览以时间为主线分为三个单元，旨在以展览推动天津地方美术发展进程和学术价值的研究，剖析天津地域美术史研究的史学意义、当代价值等问题。

"百年流变——天津近现代美术发展历程"由天津美术馆联合天津博物馆和天津美术学院，通过发挥各自的藏品资源与学术优势，着力勾画天津美术 1880－1980 年间的发展与变化。展览以时间为主线分为水墨画、油画、版画三个单元。第一单元再现 20 世纪 20 年代起由京津绘画团体"湖社"倡导的新宋元风格的水墨画，如陈少梅《松瀑临水》等，另外，还为观众梳理了新中国时期在写实基础上又发展出社会主义现实主义绘画风格的作品，如刘子久《支援前线》等。第二单元观众能够欣赏到以学院派风格为主，将现实题材与写实技法相结合的多位影响全国的油画名家的作品，如中国现代油画的开拓者李叔同的《沼津风景》等。第三单元展出新中国时期在“为人民服务，为社会主义服务”的指导方针下，天津版画家运用写实技法，创作出的以歌颂劳动人民与风景小品为主要题材的版画作品。

“百年流变——历史视野下的天津当代艺术足迹”系列文献展览为天津美术馆“百年流变——天津近现代美术发展历程”系列展览的重要组成部分。展览旨在对20世纪80年代至今发生和出现在天津当代美术史历程中的重大事件与代表人物进行相关梳理，从而为地方艺术生态的发展与建设提供研究途径。展览由“会通”——水墨单元、“融创”——油画单元、“拓进”——版画单元三个部分组成，汇聚了天津老中青三代58位艺术家的80余幅作品，风格多样且个性鲜明，他们之间既具有传承关系又彼此影响和启发，既在融合中西文化的过程中坚守中国立场，又在贯通古今的表达中，为属于本土当代艺术的表达式开启了新的思路和方向。作为时代风气的先觉者、先行者和先倡者，展览中的艺术家经过不懈努力和开拓，使天津的当代艺术生态从自发到自觉，从无序到有序，逐渐形成了具有地域特点的文化性格和艺术格局。天津美术馆也将继续延续“百年流变”的艺术话题，在本年度陆续推出具有代表性、时代性和思想性的当代艺术展览。

同时，天津美术馆也立足于天津城市艺术，举办以天津城市发展为主题的展览，以摄影、绘画、书法等艺术形式展示天津城市的过去与现在，如：“一座城市的集体记忆——80年代”摄影展、“天津故事——天津市第三届学生创意美术展”“津门话语——津门书画院年展”“寻艺天津·匠心美学——民间艺术创新展”等。

(6)天津市民俗博物馆

天津民俗博物馆是中国地方民俗博物馆。位于天津市的古文化街中心。该馆利用天后宫正殿为主的古建筑群体为馆舍。这一建筑群有山门、牌坊、钟楼、鼓楼、前殿、大殿、藏经阁和后殿启圣祠,大殿两侧有四座配殿。山门北侧有张仙阁,悬于上空,为古文化街的过街楼,山门外约20米处,矗立两棵各26米长的幡杆,上悬布幡,左幡为“三津艺卒百肆迎春”,右幡为“溟波洛日通运济航”,山门外跨越幡杆80多米处与天后宫古戏楼遥遥相对。

天津民俗博物馆,除保留天后宫大殿及前殿的塑像作复原陈列外,还征集民俗文物约2000余件,分别在四座配殿和藏经阁、张仙阁开辟了以展示天津民俗民风为内容的基本陈列,介绍了天津漕运兴起、渔盐的发展和习俗;天津民间各路花会特别是“皇会”沿街表演;迎亲嫁娶、夫妻拜堂、洞房花烛和津门独有的“拴娃娃”习俗;天津店铺悬挂于门前的各式招幌;民间生活用品、乡土风情;衣食住行民俗;杨柳青年画、风筝、砖刻、泥塑、绒花、剪纸、编织等民间手工艺品和民间戏曲艺术。此外,还经常举办不同专题的书画、服饰、刻瓷、根雕、百业画及民间工艺展览和展销活动。

天津市民俗博物馆在展览设计、布局、陈列方面注重对多种优势的充分且合理的利用,将优越的天然地理优势与民俗在社会公众内心深处的重要且特殊的位置密切而有机地加以结合,以本馆三个特色的基本原则为指导,所有展览均围绕并突出这三个基本原则,从而使本馆的展览陈列展现出浓厚而独特的天津地域特色,以及天津丰富而深厚的城市文化内涵。

传入天津后的天后信仰很快便与天津地方特色文化相融合,

天津人习惯把妈祖尊称为娘娘，这样的称呼显得更为亲切，缩小了人与神之间的距离。天津的天后信仰认为天后既能护航，又能去灾赐福，天后还掌握着福禄寿喜乃至生育等大权，天津民间信仰的力量使得天后由单纯的海神逐渐地向多元化的护城神进行世俗的转化。天津天后信仰中为天后配置了眼光娘娘，斑疹娘娘，子孙娘娘和送生娘娘，这一点更是反映出天津民间信仰的实用主义特色和性质。天津这座城市由最初的水运码头逐渐发展，经过漫长的岁月天津发展成商贾重镇、繁华都市。在天津城市发展繁荣的长期过程中，天津人独具创造性地将妈祖信仰逐步移植进入人们的日常生活中，赋予天后更加多样更加切合生活实际的功能和作用，形成天津特有的天后文化。

第一个基本原则是突出天后文化特色。天津市民俗博物馆以天后宫的历史为依据和根据，对中国传统文化进行继承和弘扬，综合考虑当今时代社会公众的思想动向、意识形态、审美视角、艺术情趣、民俗心理等，设计举办《天后宫复原陈列》。天津市民俗博物馆对大殿、前殿、南北两个配殿中民间诸神的塑像进行了较为成功的复原，具体包括大殿中的天后神像、侍女像、莺驾（卤薄），前殿中的王灵官、加善、加恶、千里眼、顺风耳，南北两个配殿中的药王、四海龙王、王三奶奶、挑水哥哥等。天津市民俗博物馆还组织绘制大型壁画《天后圣迹图》，大殿中的该大型壁画展示了精湛的绘画和艺术造诣，完美表现出天后济世助人、勇于献身的高贵的品德和人格。

天津市民俗博物馆还在天后宫大殿前两侧建立“天后碑林”，征集自元代以来歌颂天后文化和漕运文化的名诗佳赋，并聘请全国书法名家挥毫书墨，为天后宫增添了文化品位并提升了历史和艺术价值，使天后宫更富有时代气息，更富有凝聚力。

天津市民俗博物馆重新开凿元代古泉“金蟾泉”，并将其命名为“妈祖泉”，从而有机地将天津的民间神话、民间传说与天津的民间宗教信仰、天津民俗主题旅游进行融合。这样做不但可以满足广大到天后宫参观游览的观众的心理需求，而且为天后宫的复原陈列增添了全新的内容，同时，也为海峡两岸的妈祖文化交流开辟出新的途径和形式。

第二个基本原则是突出天津的漕运文化特色。天津天后宫的地理位置恰好位于天津海河旧三岔河口处。旧三岔河口地区在当时是天津最早的天然航运码头，因而成为中国漕运系统中重要的转运地点。天津是江南漕运上达京城的必经之路，天津成了当然的漕运枢纽。旧三岔河口地区在中国漕运史上具有举足轻重的位置，发挥过至关重要的作用。元、明、清定都北京，途经天津地区，“漕运”的兴盛，造就了天津的发展与繁荣。漕运文化对天津城市的发展起到了根本性的推动作用，漕运文化对天津经济、文化、民风、民俗等各个方面的发展都产生巨大而深远的影响。基于漕运文化之于天津的重要性，天津市民俗博物馆对天津民俗文化特色和特点的提炼过程中，把展览设计和展览陈列的重点和焦点放在天津的漕运文化上。天津市民俗博物馆开展了广泛的藏品征集，征集到不少与漕运有关的民俗文物，如散落于民间的奉纳船（航船平安归来后，到天后宫还愿的主要物品）、纤桶（记录脚行工人劳动量的工具）、对槽船模型、驳船模型等，以及大量珍贵的历史照片。天津市民俗博物馆充分利用这些民俗文物，专门设计了专题展览。这个专题展览比较清晰、比较详尽地展现出天津漕运文化的历史发展脉络、发展进程、并且进一步呈现出漕运文化发展历程与天津整个城市的逐渐形成、发展、繁荣的一系列关系和影响。这一天津漕运文化专题展览还成为开展爱国主义教育的素材来源，以及进行乡土教育的生动实例。

第三个基本原则是突出对于天津民俗事象中的典型代表和经典案例的介绍。天津的民风淳厚，民俗丰富多样，而且具有鲜明的地域个性和地域特点。在长期的发展历史中，天津的民俗不断受到外来文化和外来影响的冲击，但尽管如此，天津民俗仍旧保留和坚守其自身特有的文化传统和民风民俗，这一点对于沿海城市文化的发展是不为多见的。民俗事象浩如烟海，涉及一个地区人们生产、生活、文化、娱乐、制度、信仰等方方面面的各种民俗活动和民俗现象。对于天津民俗来说，也是这样，因而任何一个或几个展览都不可能对天津民俗进行全面完整没有遗漏的展示。因此，天津市民俗博物馆在展览设计和展览陈列中着重选取具有典型性和代表性的民俗文物，并且将这些经典民俗文物进行合理整合和有机组合，从而在展厅中给参观观众创建出一个相对完整、触手可及、鲜活生动的展示空间和场景环境，旨在使参观观众能够在一个特定的空间和环境中切身领略到天津特有的多彩多样的民俗文化。

以天津市民俗博物馆的展览《天津婚俗复原陈列》为例。天津市民俗博物馆在现有展厅内部设计了一组洞房的系列场景，场景内摆设新郎、新娘等蜡像人物造型、家具、瓷器等室内陈设物品，场景内还放置剪纸、年画、刺绣品、木雕等装饰物品，将这一切物品与照天津传统的、典型的民居进行有机组合，并将这些物品按照津传统的、典型的民居的陈列和摆设格局进行放置和摆设。参观观众可以通过参观这个展览，了解天津旧时的婚礼习俗，而这种了解不是单单只是通过文字和图片完成的，而是能够身临其境地置身于婚俗复原场景中。参观观众还可以对天津整个民俗风情有一个全方位的认识，因为在婚俗复原场景中同时涵盖了居住习俗、贴饰习俗、服装习俗、民间艺术等诸多方面。展览中在陈列花轿和仪仗执事等民俗文物时，在其旁边配置了一组模型，按比例将一组花轿、仪仗执事进行缩小而全方位的展示。这个展览以“晾桥”习俗的场景作为引入部分，展示了旧天津富商大贾之间追求豪华气派、极力显示家族势力的心理，以及普遍存在的相互攀比、斗富的畸形心态，并且进而揭示当时旧天津的社会背景、文化内涵等更为宏观而深层的民俗内涵。这样的复原展览方式相比单一的以物论物的文物陈列展览能够更加生动、更加深切地展示天津民俗文化，也能够更加广泛而深刻地引发参观观众的共鸣。

《天津婚俗复原陈列》曾在 1997 年 6 月赴日本展出，该展览在当时受到中日专家、日本社会公众的普遍关注和赞誉。天津市民俗博物馆还将本馆具有典型性和代表性的精品专题展览诸如《天津婚俗展》《天津皇会展》等送到天津市以外的其他省市地区进行巡回展览，这些专题展览均获得了良好的效果，产生了较好的社会效应，受到国内外的参观观众的普遍欢迎和热烈好评。这些展览的国际输出和国内交流也对促进馆际之间的交流与合作产生的良性的推动作用，同时通过馆际交流与合作也为本博物馆的展览和陈列增添了新的生机，带来了新的活力。

(7)天津文庙博物馆

天津文庙，是明清两代天津地方官员祭祀我国古代伟大的思想家、教育家、政治家、儒学创始人孔子的庙宇，也是天津学宫所在。始建于明正统元年(1436 年),占地 1.3 万平方米,由并列的府、县两庙及明伦堂组成,是天津市区现存规模最大、保存最完整的明清建筑群,为省级文物保护单位,是天津文物宝藏中一颗璀璨的明珠。

明清时期的文庙作为祀孔和学宫场所,担负着教育启蒙作用,不仅培养了大批人才,而且促进了儒学文化在天津的传播。在天津设卫筑城六百年的历史中,文庙不仅见证了天津城市建设和文化教育发展的全过程,而且成为天津弘扬优秀儒学思想和民族传统文化重要场所。宁静、幽雅、壮观、风格鲜明的文庙建筑,是中华传统文化的载体和天津宝贵的历史文化遗产,也是向海内外传播中华国学文明和建筑艺术的最好物证。其特有的文化内涵和历史价值是永恒而深厚的。

明清时期,天津文庙既是天津地区学宫所在,又是祭祀孔子的专门场所,同时也是天津地区最大的,最具特色的儒学与传统文化传播载体,有着“中华双学第一庙”之称。孔子思想是构成中华民族传统文化的主干,所以,在展览展示与举办相关活动之时,为弘扬中华民族优秀传统文化,天津文庙举办与孔子思想和传统文化相关的四个基本陈列:《天津文庙府庙祭孔复原陈列》《大哉孔子展》《孝德展》《文明之光——天津教育展》。

《天津文庙府庙祭孔复原陈列》将传统祭孔的场景展示给世人,将两千年来中华民族以祭祀方式表达对孔子、先贤先儒、良吏和乡贤的尊崇传递给观众,发挥天津文庙应有的社会教育作用。根据《孔子研究大全》的相关资料和馆藏“圣诞纪念会天津社会教育办事处”于民国十一年(1922 年)出版的《大成殿祭器、乐器位置图》和民国十二年(1923 年)出版的《天津祀孔文庙位次图》以及《天津府志》和《天津县志》的记载，经过考证研究制定复原陈列方案。一、天津文庙祭祀规格为大祀。二、大祀中陪祀人员的祭祀规格。三、确定文庙从祀先贤先儒名册。四、在崇圣祠恢复孔孟皮的牌位。五、天津文庙官宦祠入祀官宦的人数为 25 人。

《大哉孔子展》分为六部分。具体如下：前言；第一部分：孔子一生——坎坷成长、有教无类、为官治国、周游列国、集古大成、万世师表；第二部分：博大精深——哲学思想、政治思想、伦理思想、教育思想；第三部分：道冠古今——为政以德 天下为公、重视人道造就君子、教学著书 延续文化、思维独特 儒学长传、儒家学派主领中华一览表；第四部分：声播四海——影响世界、文化巨人；结语。

《孝德展》分为七部分。具体如下：前言；第一部分：孝德观念的起源；第二部分：孝德观念的体现；第三部分："孝"在生活中的表现；第四部分："孝德"的继承与升华；第五部分：新时代的孝行事迹；结束语。

《文明之光——天津教育展》天津教育事业在全国教育发展史上占有重要的地位，尤其是天津近代教育无论从数量上、规模上、教育形式上都在近代中国占据领先的地位，天津近代教育发展的历程可以说是中国近代教育史的缩影，具有鲜明的特色。天津教育启于科举制度，兴于近代新式学堂，是构成天津社会文明的重要组成部分，与天津经济发展相辅相成，互为辉映，因此展示天津的教育应与社会发展机密相连。展览内容分为三部分：第一部分：封建科举制度下的传统教育。展示传统官学及书院和科举考试制度为主，它是明清时期天津主要的教育方式，为天津地区培养了大批人才。第二部分：近代新式学堂的兴起。天津作为北方的洋务中心，洋务派在天津兴办起一批当时我国北方最早、规模最大的军事工业和民用工业，为了培养这些企业所需要人才，在天津创办了相应的学堂。天津近代新式学堂在洋务运动中兴起，以“学以致用”为宗旨，为洋务企业培养技术人才。这一时期天津新式教育的代表人物是李鸿章。第三部分：新式教育事业的蓬勃发展。天津被迫通商后，西方教育体制传入天津，新式教育蓬勃发展。出现了多种办学形式、多种类型、多层次学校并存，使天津形成了小学、中学、大学以及职业学校等比较完整的教育体系。天津近代教育家严范孙、严复、盛宣怀等为天津的教育事业作出重要贡献。

(8)天津戏剧博物馆

天津戏剧博物馆（天津广东会馆）是中国第一个专业性戏剧博物馆，是我国当今保存最完整、规模最大的清式会馆建筑之一，也是全球众多广东会馆中规模最大、建筑最为精美的一座。

天津戏剧博物馆始建于清光绪二十九年（1903 年），光绪三十三年（1907 年）竣工，由时任天津海关道唐绍仪、怡和洋行买办梁炎卿等人发起倡议，旅津广东客商共同集资 9 万两白银建成，1985 年进行大修，并在此基础上成立了全国第一家集戏剧文物、史料收集、保管、研究、宣传于一体的专题性博物馆——天津戏剧博物馆。

天津戏剧博物馆设在市级文物保护单位广东会馆（1903－1907 年建）内。天津广东会馆保留下来的建筑由四合院、拜师堂、戏楼等部分组成，外围青砖灰瓦，建筑风格兼容我国南北特色，四合院内正厅、配房均出卷棚顶前廊。广东会馆前为门厅和四合院，后为主体建筑歌舞台，台口无柱，台顶悬臂平伸，台面 70 多平方米。楼上楼下可容 400－600 人，三面观众观看演出，不挡视线，不用任何扩音设备就能把音响传到戏楼的各个角落。彩绘和木雕装饰独具风格，融南北技艺于一体，是全国稀有的中国传统古典戏楼。广东会馆主体建筑古典式戏楼以空间跨度大、设计巧妙和装饰精美为我国古典剧场中的佼佼者，其舞台口不设立与起着保持原声扩音作用的穹顶藻井堪称一绝。

著名表演艺术家孙菊仙、杨小楼、梅兰芳、尚小云、荀慧生、红线女等人都曾在这里登台献艺。值得纪念的是，广东会馆自建成后一直成为支持我国民主主义革命和爱国运动的场所。1912 年伟大的革命先驱孙中山先生就曾经两次来到这里并发表著名演讲；1919 年邓颖超与发起组织的女界爱国同志会为募捐难民演出话剧；1925 年共产党人安幸生在这里组织天津的纺织、印刷、油漆、海员等 20 多个工会，成立天津总工会，领导海员工天津戏剧博物馆人大罢工，支援“五卅”运动。广东会馆不仅清晰地记载了近代天津南北经济、文化交融的过程，而且见证着天津政治风云和历史的变迁。

天津戏剧博物馆有《中国戏剧发展简史》《中国京剧发展简史》《中国戏剧人物造型艺术》三个展览以及《中国古典剧场》《拜师堂》两个复原陈列，在戏剧博物馆内长年展出。天津戏剧博物馆现藏有全国各地戏剧名家文物、资料等 1000 余件，拥有全国首座“戏剧音像文库”，目前拥有全国戏剧剧种 90 余个，6000 多盘（套）戏剧音像资料。为社会提供普及戏剧知识、查询戏剧音像资料，欣赏戏曲演出等服务。

天津戏剧博物馆举办的《天津戏剧陈列》，展示了上起汉代的乐舞百戏，下至当代天津舞台的新貌。展出有尚小云戏班用过的清代“升平署”戏装、戏神、道具、戏规、照片、唱片、泥人、模型等戏剧文物以及书籍资料、国际交流纪念品等 1000 多件。在陈列中，与刘赶三、李叔同等天津籍有影响的著名导演、表演家和舞台美术工作者以及津门茶园和戏院等有关的展品占有突出的地位。

广东会馆和戏剧博物馆以它们各自的魅力，同时又以它们互补的优势，交相辉映，将历史文物建筑和中华民族瑰宝——戏剧文化融为一体，多角度地呈现给观众。近年来，天津戏剧博物馆先后承办了“日本能乐首次访华团能乐演出”（也是唯一的一场演出）、“天津香港周文艺演出活动”“上海、苏州评弹团在津演出”“天津京剧曲艺杂技联袂演出”和各种类型的演出及影视剧的拍摄等，受到观众的普遍好评，在国内外引起很大反响。

（9）李叔同故居纪念馆

李叔同故居纪念馆是为了纪念中国近代文化先驱、一代高僧弘一大师李叔同而修建的一座专题性纪念馆。

李叔同是中国近代文化发展史中一位学贯中西的旷世奇才；他是中国早期新剧活动家、艺术教育家，精诗词、篆刻、绘画、书法、音乐等；他也是我国新文化运动的先驱者；当阅尽人间的繁华和沧桑，义无反顾地遁入空门后专研戒律，成为南山律宗大师。弘一大师李叔同的家乡就在渤海之滨天津，天津也记录了他青少年时期的美好时光，他一生辉煌的建树得益于津沽大地深厚文化底蕴的滋养，他的杰出贡献也成为天津城市文化的重要组成部分。

李叔同故居纪念馆分为园林和故居两部分。园林由太湖石假山、人工湖、弘一大师纪念亭和凉亭等组成。瀑布自山顶倾泻而下，注入人工湖，山下凉亭与小桥、流水交相辉映，园内芳草碧绿，花木繁盛，充满典雅、幽静的江南韵味。在纪念亭中央，端坐着高约 2.7 米的李叔同铸铜塑像，在其身后的汉白玉影壁上，刻有李叔同为纪念父亲120周年诞辰所书的《佛说阿弥陀经》。园内有原佛教协会会长赵朴初、现任书法家协会会长张海先生礼赞李叔同的匾额和联语。故居建筑主体与室内陈设、室外人文景观遵循历史资料进行复建，以传统木结构为主，由四进院落、48间房屋组成，采用传统砖木结构，“田”字形民居格局。重点复原的景观有桐达钱庄、佛堂、起居室、洋书房、中书房、意园及部分匾额、楹联。青灰色的砖墙、朱红色的门窗，凝重而庄严，李鸿章题写的“进士第”匾额，彰显着李家显赫的地位与身份。

陈列展览由室内外复原、李叔同生平图片展、李叔同生平石刻与书法篆刻仿刻室外展区，以及户外艺术营造展览等五个部分组成。李叔同故居纪念馆馆内一件件展品呈现着大师在诗、词、书画、篆刻、音乐、戏剧、文学、佛教等多个领域的卓越成就，一间间展室讲述着李叔同大师“二十文章惊海内”的璀璨一生。

李叔同故居纪念馆的基本陈列包括李叔同生平图片展和专题展览等，展示其富于传奇色彩的一生及其文化贡献。具体陈列展览包括：《海河之子——李叔同与天津》《中国近代文化先驱——李叔同》《李叔同早年书法墨迹展》《印魂——李叔同篆刻艺术展》《自律、创新、爱国——李叔同的人格精神》。为了恢复故居原貌，增强历史原真性，纪念馆最大限度地复原了当时李家的生活起居场景，如：桐达钱庄、佛堂、起居室、洋书房、中书房、意园等，并融入了一些声光电等现代化展示手段。为了彰显李家重视教育的家风，表现李叔同在书法、篆刻等方面的艺术成就，在室外艺术展区内展示有一定数量的牌匾、楹联、书法、篆刻作品等。

李叔同，是中国近代音乐、戏剧、美术教育的先驱，杰出的诗人和书法家，是我国近代史上著名的音乐家教育家、画家、僧人。李叔同作为中国新文化运动的早期启蒙者，他一生从事各种艺术活动，在音乐戏剧绘画书法诗词等艺术文化领域中都有较高的建树。同时还培养了一大批优秀艺术人才，丰子恺、刘质平等皆出其门下。李叔同是对我国早期新文化发展做出过杰出贡献的天津本土文化名人。天津，是弘一大师李叔同的诞生地，记录了他青少年时期美好光阴，他一生辉煌的建树得益于津沽大地深厚文化底蕴的滋养，他的高风亮节与杰出贡献，是天津城市文化特性的重要组成部分，是天津城市精神的历史体现。

(10)天津市非物质文化遗产

天津有着六百余年的建卫历史，是拥有着丰厚文化底蕴的历史名城，享有多姿多彩的文化传统和文化遗产。非物质文化遗产是文化遗产的重要组成部分。非物质文化遗产是中华民族优秀文化传统的重要组成部分，而天津市的非物质文化遗产能够展现天津作为历史文化名城所拥有卓越的文化传统和文化遗产。

依据天津市国家级非物质文化遗产代表性项目数据统计来看，四个批次共35项，从国家级非物质文化遗产代表性项目类别统计来看，35个项目中所占比例占据前五位的项目类别是曲艺、传统音乐、传统医药、传统技艺、传统戏剧。依据天津市市级非物质文化遗产项目数据统计来看，四个批次共250项，从市级非物质文化遗产项目类别统计来看，250个项目中所占比例占据前五位的项目类别是传统技艺、传统体育、游艺与杂技、传统舞蹈、传统医药、传统美术。[①]

---

① 见附录6：天津市非物质文化遗产项目统计表。

从国内层面来说，对于非物质文化遗产的珍爱守护并合理运用，有助于中华民族对于自身传统文化精粹的继承弘扬，能够增进中国民族本民族的团结统一和凝聚力，有利于增强中国民族的文化自信。从国际层面来说，对于非物质文化遗产的珍爱守护并合理运用，有助于继承和发展天津优秀的城市特色文化，推动和促进城市文化传承，在世界舞台上展示这些非物质文化遗产能够向世界人民展示中华民族的民族精神，弘扬中华民族的优秀传统文化。因此，在天津市博物馆国际性文化输出中，充分利用、合理整合这些国家级和市级非物质文化遗产。

天津的民俗文化发展历史悠久，较为繁荣兴盛，民俗文化种类多样，内容凸显天津地域特点。在非物质文化遗产国际性输出中宜选取最能体现和代表天津的最具本土文化特色的类别和典型案例。这类非物质文化遗产形式是天津文化的“百年基业”，贴近普通社会公众的生活，属于大众艺术，雅俗共赏，俗雅共生。天津市博物馆国际性文化输出中需要站在历史的高度和文化的角度，来审视这些非物质文化遗产，从而达到最佳的文化输出效应。在全球化市场中，地域文化的差异性反而成为各个领域占领全球市场特定领域的战略手段和重要策略，也就是说越是本土化的文化创意产业，越具有进入全球化市场的潜力和实力。

在天津市国家级和市级非物质文化遗产中，占较大比例的是曲艺、传统音乐、传统美术、传统技艺、传统医药。曲艺、传统音乐大多属于表演性质，需要真实舞台的展示才能最大限度地向观众呈现其全部艺术精华。曲艺和传统音乐这两类非物质文化遗产的有效的国际性输出方式是直接对外以表演形式输出。

天津传统美术类非物质文化遗产中以杨柳青木版年画和泥人

张彩塑为代表，最能体现天津的地域文化和民俗风情。在国际性文化输出中可以这两种传统美术为基础策划主题展览并开发文创产品。

杨柳青木版年画

天津杨柳青木版年画是中国民间美术的一朵奇葩。它始于明末，源于天津杨柳青镇而得名，流传至今已历四百余年。它遗存丰富，表达了民间百姓的精神天地和文化的连续性，因此有“民间大百科全书”之称，被列入国务院公布的首批国家级非物质文化遗产名录。

杨柳青木版年画的造型方式和艺术风格汲取了中国工笔重彩画和民间版画艺术的精华，保留着中国古老的雕版印刷技术，刻工精美，绘制细腻，人物生动，色彩典雅。在众多的中国民间年画中，它以其生动而有趣的题材，优美而真实的形象，富于装饰趣味的构图和艳丽的色彩，为历代人们所喜爱。其内容凸显民族传统，把农耕社会的文明审美观和生存体验表达得淋漓尽致，寄托着人们的希望和向往，成为迎接新岁、纳福履吉的重要载体。杨柳青木版年画在发展过程中兼容并蓄，无美不臻，浑然汇成一个泱泱艺术体系。它的形成与兴盛有着深刻的历史背景和文化土壤，是我们祖先留给人类的艺术活化石。

杨柳青木版年画据传约始于明朝万历年间，盛于清代中叶。杨柳青木版年画的发展成以杨柳青镇为中心，还包括南乡三十二村庄（杨柳青、周家庄、李家庄、赵家庄、古佛寺、炒米店、木厂、冯高庄、郭家庄、大杜庄、小杜庄、宣家院、毕家村、小甸子村、宫家庄、阎家庄、康庄、房家庄、东西琉城村、老君堂、岳家开、王家村、大沙窝、小沙窝、辛口村、郑家庄)都印制年画。

杨柳青木版年画为中国的民间木版年画,它继承了宋、元绘画的传统,吸收了明代木刻版画、工艺美术、戏剧舞台的形式,采用木版套印和手工彩绘相结合的方法,创立了鲜明活泼、喜气吉祥、富有感人题材的独特风格。

天津杨柳青木版年画题材广泛多样,涉及政治、经济、军事、宗教、哲学、地理学、社会学、民俗学、文学、艺术等诸多领域。取材内容极为广泛,诸如历史故事、神话传奇、戏曲人物、世俗风情以及山水花鸟等,特别是那些与人民生活密切关联的题材,题材还有财神、美人、胖娃娃、楼阁、走兽、百花、博古以及十样锦、吉祥富贵图样等,寓喜庆、吉祥之意。

截至 2010 年底,杨柳青木版年画保存的画样有 2000 种之多。其中有歌颂(历史故事中)治世明君、报国忠臣、圣贤君子、清官良将等人物,也鞭挞了昏主丧国、奸臣弄权、恶吏贪赃等罪恶行径,有宣扬神话故事中因果报应思想的内容,有展示贤母教子、孝女事亲、英雄救难、侠客等场面,有惟妙惟肖刻画各式各样的世俗人物,诸如林泉高士、爱国仁人、良师学者、樵子渔翁、耕夫织女、医卜星相、僧道信徒、琴棋书画之名家高手,有描绘名山胜景、时事新闻等题材,勾勒出中华民族近千年来世俗民风之轮廓,有如民俗生活之图像大全。

杨柳青木版年画构图丰满、笔法匀整、色彩鲜艳,寓意吉祥,雅俗共赏。人物的头脸衣饰等重要部位多以粉、金晕染,别具风格,它受传统绘画和北方雕版插图影响很大。它采用刻绘结合的手法,刻工精美,绘制细腻,人物生动,色彩典雅。在制版方面,分“春版”和“秋版”两种,春版刻制精细、秋版刻制粗糙。刻制以木版套印与手工彩绘相结合为特点，风格独特，为群众喜闻乐见。

天津于2008年专门建立了杨柳青木版年画博物馆，旨在收藏、研究、展示杨柳青木版年画。博物馆全面客观地反映了杨柳青木版年画的起源、繁荣、濒危、抢救、保护、传承和发展的历史过程。馆内珍藏自明代以来杨柳青木版年画万余张，画版6400余块。它的建立对研究天津以及中国北方地区的民俗民风，更好地保护和传承杨柳青木版年画具有重要的作用。

天津杨柳青木版年画博物馆分为“历史传流”“戏曲故事”“古版藏珍”“仕女娃娃”“世俗生活”“戴齐画坊——保护发展”“中国年画集锦”七个展厅，各展厅依照年画题材配合展览，设计了呼应年画作品的实体景观，还原了年文化的民俗民风，使展览内容更加立体生动。天津杨柳青木版年画博物馆是国内规模最大、最具专业性的木版年画博物馆。

天津杨柳青木版年画博物馆的一大亮点，就是很多藏品此前从未与世人公开见面，其中不乏孤本藏品，处处彰显历史痕迹和珍贵价值。其中，弥足珍贵的立轴大画《大福星》展品为明代的福禄寿三星图中堂画，是博物馆内年代最早、尺幅最大的一幅孤本。博物馆另一吸引人之处，是44个大型展架，依规格、体例整齐摆放的6400余块古版，多为天津市在对杨柳青木版年画进行全面抢救性发掘时从社会上广泛征集而得。

泥人张彩塑

泥人张彩塑为天津的一种民间文化，著名的汉族传统手工艺品之一。作为北方流传的一派民间彩塑，创始于清代道光年间，是天津艺人张明山于19世纪中叶创造的彩绘泥塑艺术品，现为天津市首批国家级非物质文化遗产。泥人张彩塑被公认为是天津的一绝，早在清代乾隆、嘉庆年间就已经享有很大声誉。

泥人张把传统的捏泥人提高到圆塑艺术的水平，又装饰以色彩、道具、形成了独特的风格。1915 年，张明山创作的《编织女工》彩塑作品获得巴拿马万国博览会一等奖，张玉亭的作品获得巴拿马万国博览会荣誉奖。经张玉亭、张景福、张景禧、张景祐、张铭等四代人的传承，泥人张彩塑成为中国北方泥塑艺术的代表。

泥人张彩塑属于室内陈列性雕塑，一般尺寸不大，高约 40 厘米左右，可放在案头或架上，故又称为架上雕塑、彩塑艺术。

泥人张彩塑创作题材的来源多样、包罗万象，有的是对民间习俗、地方民俗的反映和体现，有的素材来源于民间故事、传说、传奇、各种形式的戏剧表演，有的素材来源于中国古典文学经典名著。泥人张彩塑创作素材的来源内容具有丰富性和多样性，可以将其取材分为四大类：一是表现古典文学和神话传说的泥人张彩塑；二是反映人民现实生活的泥人张彩塑；三是展示地方风俗和风土人情的泥人张彩塑；四是刻画各类人物肖像的泥人张彩塑。

泥人张彩塑作品的创作以现实主义为基本原则和创作手段。泥人张彩塑的创作者对现实生活进行细致入微的观察，并在此基础上进行筛选和选材，进而对其将要创作的彩塑作品的形象开展构思，最后准确地将构思用彩塑作品实体予以展示和呈现。采用现实主义方法和手段创造出来的作品、塑造出来的形象，能够对社会现实情况给予真实地再现。现实主义创作手段也对提高民间泥塑的水平起到了巨大的推动作用，这种影响和作用的巨大在中国传统民间泥塑的发展历史上是从未有过的。

泥人张彩塑对于细节的还原再现予以重点关注。泥人张彩塑不但对客观事物的外在形体、相貌给予逼真、真切的反映，而且通过外在特征的展示，将客观事物的内在精神和情感予以生动的传达，从而实现形神兼备。泥人张彩塑在塑造人物时对人物的动态、神态、服装、道具都进行极为细微的刻画和处理。甚至是在人物衣服纹路的刻画和处理上，泥人张彩塑作品也是精益求精，遵循并要达到“衣不伤体”“衣不肿脸”“褶纹不变成鱼刺”的原则和标准，追求舒展之美和自然之美，从而给人以美的感受和体验。泥人张彩塑这种塑造人物衣服纹路的处理方式和表现手法与中国其他地区的民间泥塑存在着十分明显的差异和不同，而这一点也正体现和反映了泥人张彩塑现实主义的创作手法。

泥人张彩塑在用色方面也十分讲究和重视，历来遵循“三分塑，七分彩”的基本原则。“三分塑，七分彩”具体来说是指创作者在雕塑时要给下一步的着色留有足够的余地，而着色时要做到不破坏彩塑的整体效果。创作者完成雕塑步骤之后，需要对其进行绘色，对雕塑作品进行赋色能够时作品展现更加完美的光彩。泥人张彩塑用色简雅明快，用料讲究，所捏的泥人历经久远。泥人张彩塑的彩绘工艺十分考究，尤其是对于花纹和边饰的刻画和着色十分精细和精巧。例如对于人物衣袍、服饰绣花、花样图案、花卉样式等等，彩绘时均追求自然均衡的布局结构，流利纯熟的线条笔触，能够给人以一种强烈而和谐的装饰之美和点缀之美。泥人张彩塑在彩绘和用色方面的独特之处是中国其他地区的民间泥塑的色彩所不能同日而语的。

泥人张彩塑对中国民间彩塑这一艺术形式进行了创造性的发展，因此而成为中国民间美术发展史上一颗璀璨夺目的明珠。泥人张彩塑不论在表现手法方面，还是在细节刻画方面，或是在彩绘用色方面，均展现出独一无二的艺术魅力，从而能够使自身屹立于民族艺术之林中。泥人张彩塑对民间雕塑艺术予以弘扬和继承，并在传统雕塑艺术的基础上进行创新和发展。泥人张彩塑作品本身具有中国民族的魂和神，传达着中华民族的精神实质和深邃内涵，向世人展示着中华民族深远而悠久的传统。泥人张彩塑作品植根于广大人民群众这一丰沃的土壤之中，因而有着无限的生命力和永不枯竭创造力。泥人张彩塑这一非物质文化遗产饱含时代特征，具有不可再生和无法替代的特性，因而可以作为天津市博物馆国际性文化输出中向世人展示天津历史和文化的载体，同时泥人张彩塑也见证了天津社会和文化发展的历史进程。泥人张彩塑这种艺术形式蕴含着中华民族独一无二的精神、意识形态、价值观、思维方式、想象力、文化底蕴，体现着中国民族绵延不绝的强大生命力和永不停歇的无限创造力。

风筝魏风筝

天津是中国著名的风筝之乡，天津风筝由原产于中国的毛竹、绢、纸、矿物颜料等天然材料加工而成，制作技术历史悠久，工艺精湛。我们在清代的杨柳青年画《十美图放风筝》中便可看到，在当时，天津就已经有串灯、盘鹰、唐僧取经、蝴蝶等十种风筝了。

清末民初年间，天津的风筝作坊和风筝艺人数不胜数，形成了百家争鸣的局面。民国年间，天津风筝最为杰出的一个代表人物就是魏元泰。魏元泰师法前人、不断创新，在传统风筝工艺基础上进行改革，形成了造型多变、彩绘逼真、飞行平稳、特技精湛和便于携带的五大独特的艺术风格，他的风筝技艺在天津可谓是一枝独秀，独领风骚，“风筝魏”这一称号也开始闻名于坊间里巷。魏元泰还有一手没有流传下来的绝活，外间少有人知道。风筝魏的革新里还有一个绝活叫蒲绷。就是拿蒲草做成弓弦，搁在风筝上发出声响。这个绝活只有他能做，没能传下来。

清末民初时期，魏记风筝享有很高赞誉。清末，慈禧太后曾派太监来津向魏元泰定制风筝，曾任民国大总统的黎元洪亲自购买他的风筝，清末皇帝溥仪在津居住时，也曾派人购买魏记风筝。1914 年，魏元泰的十一件作品被当时的北洋政府农商部选送美国旧金山，参加在那里举办的巴拿马太平洋地区万国博览会并获得奖牌，为国家争得了荣誉，这也是中国风筝艺人第一次将中国的风筝放飞到世界的天空。

风筝魏经历了 100 多年的发展经久不衰，在魏元泰第二代传人魏慎行，第三代传人魏永昌、魏永珍，第四代传人魏国秋的继承和不断创新下，风筝魏的风筝已经达到了 1000 多个品种。近年，风筝魏的风筝多次出访美国、德国、加拿大、澳大利亚等国，成为天津与世界各国民间文化交流的信使和纽带。

天津传统技艺类非物质文化遗产中有以风筝魏风筝为代表的民间手工艺品，还有以天津“狗不理”包子和天津桂发祥十八街麻花为代表的两种饮食制作技艺。对于风筝魏风筝，在国际性文化输出中可以这种传统技艺为基础策划主题展览并开发文创产品。而对于两种饮食的国际性文化输出，既可以策划主题展览，又可以通过多种渠道售卖两种品牌的产品。

天津狗不理包子制作技艺

狗不理包子是一道由面粉、猪肉等材料制作而成的小吃，始创于公元 1858 年(清朝咸丰年间)，为“天津三绝”之首，是中华老字号之一。狗不理包子的面、馅选料精细，制作工艺严格，外形美观，特别是包子褶花匀称，每个包子都不少于18个褶。刚出笼的包子，鲜而不腻，清香适口。狗不理包子以鲜肉包为主，兼有三鲜包、海鲜包、酱肉包、素包子等6大类、98个品种。2011年11月，国务院公布了第三批国家级非物质文化遗产名录，“狗不理包子传统手工制作技艺”项目被列入其中。

天津桂发祥十八街麻花制作技艺

天津桂发祥十八街麻花选料精细、工艺考究，运用面肥发面、熬糖提浆、热油烫酥、糖粒拌馅等传统工艺技能，选用面粉、植物油等食材，经过发肥、熬糖、配料、制馅等20多道关键工序精制而成。2014年12月，桂发祥十八街麻花制作技艺成功入选第四批国家级非物质文化遗产名录。

1927年，天津卫海河西侧新开张了一间麻花铺，掌柜刘老八，字号“桂发祥”，寓意为“桂子飘香，发愤图强，吉祥如意”。因店铺地处东楼十八街，故得名“桂发祥十八街麻花”。精于点心制作的刘老八，久经尝试，率先研究出了将什锦馅料融于麻花之中，使产品呈现条酥而不懈，馅溢而不散，均匀饱满，紧致有序，造型周正，金黄通透的完美形态，产品一经问世，便以酥脆香甜的口感，久放不绵的特点，赢得了上至达官显贵、下至布衣百姓的推崇，成为津门乃至北方美食的翘楚。今天，桂发祥十八街麻花已成为津门美食名片，并作为中华传统经典美食走向世界各地。

隆顺榕

天津传统医药以隆顺榕、达仁堂知名药厂的中药制作技艺为特色，在国际性文化输出中可以以天津传统医药为主题设计策划专题展览，向世界展示中国传统医药的魅力，传播传统中药文化，使更多人了解传统中药文化，不断提升天津传统医药的品牌魅力。

隆顺榕是名副其实的国药现代化的发祥地。天津隆顺榕发展制药有限公司隶属于天津中新药业集团股份有限公司旗下。其前身为“隆顺榕药庄”。“隆顺榕药庄”始建于公元1833年（清道光十三年），坐落在当时天津的商业繁华地带北大关针市街，她以“药材道地、诚信经营”而享誉津门，成为卫药之创始者。天津隆顺榕发展制药有限公司是隆顺榕文化的传承企业，秉承隆顺榕“济世寿人、泽及四方”的传统，倡导“求新、求变、求快、求发展”的精神。隆顺榕发展制药始终遵循“精心筛选，务求纯正地道，遵古炮制，必求细致精良”的笃训，在保健食品、风味饮品等领域不断推陈出新。

隆顺榕充分利用历史文化积淀，重振隆顺榕“百年老店”的品牌形象。隆顺榕发展制药发扬传统老字号优势，所有销售产品及原料均优选自正宗产地，从检验、筛选、加工生产均遵循严格的规范程序，针对农残、重金属等指标均有严格的控制标准，品质均有可靠保证。

隆顺榕发展制药在保留传统产品优势基础上加强研发工作，根据现代生活快节奏的特点，开发了一系列即食类的滋补产品，方便服用，利于吸收，更好地保留了产品的营养成分，达到最佳的滋补效果。依据“药食同源”的健康理念，相继开发了保健食品、酸梅汤梨汤饮品、果干等一系列食品。

达仁堂

达仁堂是有着三百年历史的“乐家老铺”的正宗后裔，由乐氏第十二代传人乐达仁先生于1914年在天津创办。“乐家老铺”以其用药地道、炮制如法深得民间信任，并于1723年承办御药，名声显赫。“达仁堂”取自创始人乐达仁先生名字，“达”即通达之意，“仁”代表仁爱之心。近百年来“达则兼善，仁者爱人”作为达仁堂独有的个性文化，已经成为一种企业精神。

达仁堂具有三百余年“家传秘制”的制药经验和对先进技术的兼收并蓄，加上几代人传承和恪守的经营信条“只求药料真实，不惜重资，炮制之术必求其精”，使“达仁堂”品牌经历百年，历久弥新。

达仁堂始终恪守“炮制虽繁必不敢省人工，品味虽贵必不敢减物力”的祖训。从1917年起，达仁堂先后在北京、大连、上海、香港等地开设了18家分号，销售药物1000余种。1980年以后，达仁堂进入快速发展的全新历史时期，在人才、装备、技术、管理、产品等五个方面形成强大阵营，先后荣获“全国企业管理优秀奖”等多项奖项。九十年代，达仁堂全身心地投入到中药现代化的改革进程中。此后，达仁堂先后被认定为“国家一级企业”“中华老字号”；“达仁堂清宫寿桃丸传统制作技艺”“达仁堂安宫牛黄丸传统制作技艺”入选国家非物质文化遗产名录。

综上所述，天津市博物馆国际性文化输出的对外展览在内容方面具有丰富而多样的历史文化资源。在中国近代发展史上，天津发挥了独特而重要的历史作用，在中国近代历史中占据重要的一席之地。因此，天津在近代这一特定的历史发展时期，积累了丰厚的历史文化资源，相比其他城市具有十分突出而明显的优势。天津近代历史文化资源包括文化历史名胜、异国建筑、名人故居、博物馆、纪念馆等，涉及的历史文化资源形式多样，因而天津享有独特的历史特征和文化品质，可以作为研究中国近代史的一个典型案例和代表性缩影。在近代历史文化资源方面，天津可以说是古今文化、中外文化兼收并蓄，涵盖各类历史文化资源，具有特殊的人文内涵，广泛而深刻的人类精神成就，涉及宽广的领域和范围，涵盖中国近代史的社会、政治、经济、文化、教育、艺术、体育、科学技术等，几乎面面俱到。天津在中国近代史上创造了无数个历史、文化的第一或者享有无数个历史、文化的独有和唯一，具有独一无二的历史文化资源的稀缺性。天津近代历史文化资源的广泛性、全民性、完整性、典型性、代表性、影响力，在中国近代历史文化方面具垄断地位。天津市博物馆国际性文化输出在策展内容的选择上需要充分利用这些独有的文化资源优势，深入挖掘这些文化资源的内在文化要素，展示这一特定时代特有的风貌特征和独特的文化内涵。

3. 对外展览输出形式

天津市博物馆国际性输出中要注重对外展览的输出形式，也就是对外展览的组织形式和参与方式。不能只是简单地停留在将几件馆藏珍品借出这种初级的参与对外展览的方式方法上，而是需要在广度上进一步拓展参与对外展览的方式、创新参与对外展览的组织形式，同时需要在深度上进一步加强对外展览参与程度。天津市博物馆国际性输出过程中要积极争取更加主动的话语权，参与到对外展览的策划、设计、布展、陈列等的完整过程，以主动对外输出的立场和高度，推出能够体现天津地域特色和文化精髓的大型、完整的文化主题精品展览。

随着数字信息技术的发展，天津市博物馆国际性文化输出在选择对外展览的输出形式时可以充分利用互联网和信息技术的优势，这样做既可以与时俱进、适应时代发展的新要求，也可以助推天津市博物馆国际性文化输出发展到新的高度。通过选择和利用最新的科技发展成果，天津市博物馆国际性文化输出中对外展览的传播形式可以采取数字化传播。天津市博物馆可以利用现有的官方网站这一平台，设置专门的栏目对博物馆的展览进行立体化、全方位的三维虚拟展示。通过数字化的虚拟展厅，身处世界各地的社会公众均可以随时随地对天津市博物馆的展览进行浏览、参观。为了能够更好地、更加有效地利用官网虚拟展厅这一国际性文化输出对外展览的输出形式，天津市博物馆要进一步加强、不断完善数字化建设。

数字化博物馆是将博物馆的藏品的实物形式转换成高清的图片资料、并且辅以详尽的文物背景文字介绍，并将图片和文字信息通过网络的形式，提供给全球的社会公众、业内人士、专业学者浏览、使用、欣赏、阅读、检索、下载等。数字化博物馆的建设需要天津市各个博物馆对其藏品及相关的文献资料进行全棉的搜集、整理、分类、归类、整合，经过专业的文物拍摄和计算机扫描的方式，将藏品文物和文献资料的相关信息转变成图片等电子形式的资料，并对其进行分类整理，建立起数字化藏品数据库，并在此基础上创建三维虚拟展厅。

数字化博物馆通过对于互联网和计算机技术的应用，以数字化的方式展现博物馆的馆藏、陈列、展览、学术研究、社会教育等多方面的社会功能。博物馆的数字化建设有助于打破人们传统观念和印象中的固定的、封闭的馆墙围筑下的博物馆形象，并且逐渐构建起灵活的、开放的没有围墙限制的博物馆形象。数字化博物馆可以实现本地社会公众、国内社会公众和国外社会公众同等地均可以不受时间的限制和空间的牵制，随时随地通过互联网在官网上根据个人的喜好和兴趣自主地选择浏览、使用、下载博物馆发布的有关文物和展览的各类文字和图片等信息。数字化博物馆不但为社会公众提供时间和空间上的便利，对博物馆自身来说也是具有多重益处的。首先，博物馆能够通过数字化平台与博物馆受众建立更加广泛的联系和更加实时的互动。其次，博物馆能够通过数字化平台为博物馆受众提供形式更加丰富多样的跨越式服务，拓展为博物馆受众所提供的服务的形式和类别，诸如与博物馆相关的各类信息的发布、与博物馆文物、展览、文物鉴定等相关信息咨询服务。博物馆可以充分利用数字化平台不断增加面对广大社会公众所提供的服务的内容、数量、种类、形式，提升博物馆所提供的各类服务的质量，实现高效的远程服务，拓展博物馆对外服务的形式和途径。最后，博物馆能够通过数字化平台与全球范围内的其他博物馆实现信息实时交流和互动、信息共享，最终促成馆际之间达成进一步的合作意向，实现并深化国际馆际合作与交流。

数字化的三维虚拟展厅可以实现展品的全方位、立体化展示，让展品活灵活现，使展品在虚拟网络环境中实现细致入微的展示和呈生动形象现。这种数字化的三维虚拟展示能够超越时间和空间的双重限制，能够使更多的社会公众，不但是国内其他地区的社会公众，而且特别是国外社会公众，使他们获得身临其境的感受，使更加广大的社会公众通过网络这一媒体即可以感受天津市博物馆馆藏珍品的艺术魅力，了解天津市博物馆馆藏珍品的文化内涵，最终实现在世界范围内宣传和弘扬天津城市文化和天津城市形象的目的。

四 国际性文化输出中文创产品开发和推广的原则和策略

天津市博物馆国际性文化输出中除对外展览，文创产品开发设计以及对外输出也是非常重要的一个方面。天津市博物馆国际性文化输出中文创产品的开发设计时可以遵循如下总体原则和整体策略。

第一，天津市博物馆国际性文化输出中文创产品的设计和对外输出，首先要建立一套系统、完整、成熟的文创产品开发机制和体制，该文创产品开发机制中需要重点关注民众智慧和创意，集思广益、广开言路，充分调动各界社会力量，使其积极参与到文创产品设计和开发中来。天津市博物馆界、文化界等官方平台或政府机构可以开展立足天津的文创产品设计大赛，以天津非物质文化遗产、传统手工艺为背景，依托天津市各大博物馆馆藏特色和馆藏精品，面向社会广泛征集创意。伴随文创产品设计大赛的举办进程，可以面向所有参赛者组织诸如美学讲座、设计讲座、文物特展等一系列相关活动，这些讲座和活动可以帮助参赛者更好地、更深入地了解和领悟天津市博物馆馆藏文物的文化内涵及其创意化潜力，从而能够推出既能体现藏品文化内涵又能体现现代审美观念的文化创意产品的设计理念，并最终促进天津市特有文化资源向文创产品和创意产业的实质性转化。

第二，天津市博物馆国际性文化输出中文创产品的设计开发需要重视和注重天津市博物馆品牌的树立和建设。建立了良好的天津市博物馆品牌文化，不但可以开拓更加广泛的文创产品市场，而且可以将天津市博物馆自身的品牌 IP 授权给国内、甚至国际知名厂商，共同联合设计、生产高品质的文创产品，合力让静止的无生命的文物再生、重生。

目前天津博物馆界打造品牌 IP 拥有着底蕴深厚的天津文化历史，但制造和开发都有很大提高的空间。首先，产品爆款策略可以称得上是打造文创产品和文创产业经济的最佳策略。产品爆款策略易操作、落地性强、灵活性强。产品爆款策略下，博物馆会把最大比例的资源配置到爆款文创产品上，随后投入更多开发和营销方面的支持从而来确保文创产品能够真正地畅销，以小搏大，才能真正打造金牌的特色文创产品。其次，需要将 IP 人格化。IP 形象化只是停留在外在的形式，而 IP 的人格化才是打造品牌 IP 的核心和重心。只有 IP 形象具有了鲜活的人格，而且这种人格是正面的、积极的、真实的，才能吸引并拥有更多的关注和粉丝，才有可能集聚流量。IP 开发也并不是一味地简单地基于形象的衍生，而是需要一方面塑造具有超强视觉辨识力标志和符号，同时另一方面还要注重 IP 背后人格化的塑造，通过外在标志性符号与内在人格化相结合才能构建真正的金牌 IP，逐步构建具有长久市场生命力和独立自主性的 IP 文创品牌资产。最后，一个世界知名 IP 的落地推广，不只是一个简单的宣传，而是需要全方位度的总体运营和策划，需要将 IP 视之为资产、产品、品牌。如若要是 IP 不是只是停留在形象符号的层面，就需要对市场有充分的、清晰的了解和认知，形成广泛而稳固的粉丝群体和完整而牢固的产业链。还需要改变原有的、传统的“以产品为中心”或者“以 IP 内容为中心”的运营逻辑，而是要做到“以人为中心”，在受众内心深处极其强烈的情感共鸣。经过精细的包装策划、商业化经营、产业化运作等，才能实现

IP 的持续运营。要是 IP 成为一件持续性的事情，就需要以爆款策略为驱动，回归人性需求、纳入专业化运营，才能实现其长久的生命力。

第三，天津市博物馆国际性文化输出中文创产品的设计开发需要采取专业化、公司化的运作模式，以现代化的、先进的经营和管理方式来实现对文创产品的整个运营过程。天津市博物馆在国际性文化输出中，可以针对文创产品的设计和开发专门成立独立的文化创意产业中心、文化创意产业公司、甚至更大规模的文化创意产业园区。通过对文化、创意、产业三者的有机结合，实现对天津市博物馆馆藏文物、藏品文化内涵、天津市非物质文化遗产的深度发掘和研究，从而在国际舞台上创立天津市博物馆文化品牌形象，面向全球推广天津市博物馆特有的文创产品。

中国地大物博，历史悠久，文化资源极其丰富，因而各个地区、各个城市的地理位置不同、文化资源不同，各地区各城市的博物馆的馆藏资源的种类和数量不同，各地区各城市的非物质文化遗产优势和特色各不相同，民俗风情、传统手工艺各具特色。基于此实际情况，天津市国际性文化输出中文创产品的开发和设计时就要依托于天津城市和地区博物馆的馆藏精品和优势，体现地方文化特色，使所开发的文创产品与馆藏精品和地方文化独特性相得益彰、交相辉映。

在天津市博物馆国际性文化输出中注重将文化事业与文化产业两者相互结合、相互支撑、形成合力，以天津文博文创产品为载体打造天津市博物馆的整体文化品牌形象，不断拓展文创产品的文化内涵，使文创产品的文化传播这一媒介和载体作用得到充分发挥并向纵深延伸，在天津市博物馆国际性文化输出中，要进一步加强对于中华民族传统文化精粹的推介、传播，特别要加大力度向世界展示天津城市文化特色。

天津市博物馆国际性文化输出中文创产品的开发设计以及对外推广中，首先对内方面，要进一步加强对天津市博物馆资源、非物质文化遗产资源的研究，并在此基础上形成完善的天津市博物馆文创产品的研究、开发、设计、生产环环相扣的完整体系，不断提高自身文创产品的文化附加值，在文创产品的设计创意中强化凸显文创产品的媒介和载体的作用和功能。其次，对外方面，要进一步加强推广、宣传、销售三个环节与文创产品开发设计环节的衔接与对接，拓展推广、宣传、销售的平台和渠道，创新推广、宣传、销售的方式和方法，从整体上加强推广、宣传、销售的建设。

在提出天津市博物馆国际性文化输出中文创产品开发与设计的具体原则和策略方法时，可以借鉴营销学中经典的4P理论，即产品（Product）、价格（Price）、渠道（Place）、推广（Promotion）四要素。

1. 产品

在天津市博物馆国际性文化输出中，对于文创产品的开发和推广来说，最核心和最重要的就是对于博物馆藏品和非物质文化遗产开展的广泛而深度发掘，包括与博物馆及其藏品以及非物质文化遗产相关的一切元素和要素，如：图像、声音、视频、文化品牌、社会认知度等。天津市博物馆需要在对于天津市文物资源和文化遗产全面调研的基础上，充分调动和利用天津市文物资源和文化遗产一切相关元素，进行独具特色的天津市博物馆文创产品的设计和开发。

天津市博物馆国际性文化输出中文创产品的设计和开发要兼顾民族性、地区性和世界性。首先，所开发和设计的天津市博物馆文创产品要能够体现天津市博物馆的藏品优势和自身特色，要能够代表天津城市的历史、文化、传统的内涵、底蕴和精髓。其次，天津市博物馆国际性文化输出中对于文创产品进行开发和设计时，考虑文化输出目的国家的外国社会公众的文化背景、审美特征、欣赏水平，考虑其生活、学习、工作的具体需要，贴近其生活、学习、工作的实际情况，并且做到大胆创新、不落俗套、别出心裁、标新立异。最后，所开发和设计的天津市博物馆文创产品要能够满足文化输出目的国家的外国社会公众的消费层次和需求的广泛性和多样性。比如高仿文物、字画类文创产品，限量版传统手工艺品类文创产品，这些类别文创产品的开发和设计主要是为了满足文化输出目的国家的外国社会公众对于高档奢侈礼品的消费需求，以及对于这类文创产品的私人收藏需求，这类文创产品的消费需求对应的消费层次也是较高的。因而，这类文创产品在设计开发时就要精益求精，要做到设计大气、格调高雅、用料讲究、做工精致、包装精美。再比如纪念品、文具、家居用品类文创产品，这类文创产品的开发和设计主要是为了满足文化输出目的国家的外国社会公众对于纪念用途、新奇实用等方面的消费需求，这类文创产品的消费需求对应的消费层次一般来说是中等，或者是中等偏低的。因而，这类文创产品在设计开发时主要关注的是创新程度、实用性、审美特征等。

天津市博物馆国际性文化输出中文创产品的设计和开发要强调和突出博物馆文创产品的文化性和文化底蕴。天津市博物馆文创产品在开发和设计时要秉承一以贯之的设计和开发理念，专注于博物馆自身藏品以及天津市非物质文化遗产，开发的文创产品要具有较高程度的文化内涵，体现天津城市文化的隽永深邃，从而激发参观观众和社会公众的消费热情和购买欲望，最终达到通过文创产品这一文化载体在国际舞台上推介天津、传播地方文化的目的。为了践行这样的文创产品开发和设计理念，天津市博物馆在起草文创产品设计方案之前就要对天津市博物馆自身藏品以及天津市非物质文化遗产具备充分的认识和理解，这样才能在文创产品设计方案中准确真实、客观完整地反映博物馆藏品以及天津市非物质文化遗产的文化内涵和文化本质，从而在一定程度上确保所开发设计的文创产品有别于其他城市博物馆的文创产品，区别于其他地方所销售的天津市博物馆文创产品。只有在文创产品开发设计之初将天津城市文化精神、文化因素最大限度、最大限度地融入文创产品中，才能避免文创产品的趋同化、低俗化、纯商业化、粗制滥造倾向。

天津市博物馆国际性文化输出中文创产品的开发和推广要注重将博物馆文创产品品牌化。根据营销学理论，一个成功的品牌能够使看到或者听到品牌名称的人联想到这一品牌的产品所具有的某一或者某些特殊而与众不同的属性和特质，而且与此同时，产品的消费者可以从这一或者这些属性和特质中获得实实在在的好处和利益，这种好处和利益可能并非是经济上的，而更多的是情感上的满足或者是功能上的实现。天津市博物馆国际性文化输出中利用自身文物和天津非物质文化遗产所设计的文创产品，可以满足输出目的国家参观观众的心理特征和消费诉求，与此同时，天津市博物馆实现了向输出目的国家的参观观众推广介绍天津博物馆文化品牌的更高目标。天津市博物馆在国际性文化输出中如若可以打破原有思维惯性，突破固有思维定式，将文创产品的开发和推广从简单而低级的文创产品的范围和限制中扩展和提升出来，在更大范围内、在更高层次上将博物馆作为文化品牌来创立和经营。在这种创新型思维模式中，天津市博物馆与输出目的国家的参观观众之间的关系和联系，就可以理所当然的被视作卖方与买方的关系，作为买方的消费者所涵盖的范围就不只是限制于到实地来参观的观众这个概念和范畴上了，消费者的所知范围就会更加广泛、涉及面更大，就可以将所有具有某类消费能力的输出目的国家的社会公众涵盖到消费者的概念和范畴中。也就是说，输出目的国家具有某类消费能力所有的社会公众都是天津市博物馆国际性文化输出中文创产品营销和推广的对象和目标。如此一来，天津市博物馆国际性文化输出中，通过文创产品的开发和推广，其目标就不单单是销售文创产品，而是努力使其文创产品具有更加深远的文化内涵，将文创产品融入天津市博物馆文化品牌整体形象当中如，最终国际舞台上树立天津市博物馆在博物馆界、商业界、文化界以及更加广大的输出目的国家社会公众心目中的文化品牌和文化形象。

天津市博物馆国际性文化输出中文创产品的开发和推广要密切结合并配合整个展览，特别是展览中的重点展品。按照国际博物馆界的惯例，文创产品的设计和开发重点的通常做法都是围绕和利用展览中的某几个重点展品。这种以展览中的重点展品作为展示焦点、作为引导观众的参观重点、作为文创产品设计开发核心的通用做法，不但有助于天津市博物馆对自身藏品有更加明确和清晰的认识，而且也有助于天津市博物馆国际性文化输出中推广自身博物馆品牌形象、有助于向纵深和广度上推进天津市博物馆国际性文化宣传和文化传播的任务和工作。比如：在天津市博物馆国际性文化输出的对外展览的参观路线的设计时，可以充分考虑重点展品的突出显示，也可以在参观路线中途的恰当位置安插设置文创产品商店。设计精良的商店布局以及优秀的文创产品，不但可以刺激观众的参观兴趣、激发观众的参观热情，而且可以帮助观众通过文创产品的设计创意加深与整个展览和重点展品的了解和理解，这种理解不是只是停留在展览实物和实体层面，这种认识会深入到文化层面和精神层面。通过商店中文创产品的陈列和展示，还可以帮助观众加深对展览和展品的熟悉程度，文创产品可以再次形成对观众感官的审美刺激，使观众产生更深层次的审美愉悦，进而产生购买意向和消费欲望。

天津市博物馆国际文化输出中文创产品的产品种类要明确，类别要明晰、齐全。天津市博物馆在开发并更新文物仿制品类文创产品的同时，更要注重文化创意类文创产品的设计和开发，推出既具有高度艺术欣赏价值，又贴近目的输出国消费者的审美需求、实用需要的高水平文创产品。考虑海外观众对博物馆文创产品的需求，天津市博物馆国际文化输出中文创产品的类别可包括如下七大类：(1)家居文具用品（花瓶、灯饰、靠垫、雨伞；铅笔、水笔、笔袋、书签、明信片、台历）；(2)创意纪念品（冰箱贴、钥匙扣、手机壳、微缩摆件）；(3)服装饰品（T恤、围巾、首饰、箱包）；(4)儿童用品（玩具、服装、用品、书籍）；(5)图书音像（图录、画册、宣传手册、光盘）；(6)传统工艺品（玉器、木器、青铜器、陶瓷器、雕漆、珐琅、金银器、钱币）；(7)高仿精品（书法、绘画、青铜器、陶瓷器）。

天津市博物馆国际性文化输出中文创产品的设计和开发中需要重点关注外观设计、功能设计和内容设计三个方面。三个方面环环紧扣，缺一不可，共同构成文创产品设计方案的整体。第一，文创产品的外观设计。文创产品的设计应注重拉近与文化输出目的国家社会公众的距离，通过具有亲和力的外观设计，让社会公众产生一种亲近感、亲切感。文创产品的外观设计应具有天津本土特色、突出原创性和独创性。文创产品中文化创意的设计载体和媒介是多样化的，包括：纸张、布料、木材、塑料、金属、陶瓷、玉石，等等。文创产品设计时可以根据产品类别的不同，灵活地运用各种各样的载体和媒介，从而使文创产品独具风格、令人耳目一新，同时又传达出深厚的文化内涵。第二，文创产品的功能设计。文创产品的设计上不能为了准确性而一味地还原历史，只注重历史性、知识性，对藏品进行单一、纯粹的复制临摹，而是需要将藏品与人们的生活工作紧密联系，使文创产品既有较高的审美特征，又有较强的功能性和实用性。文创产品的发展设计应注重与当代审美相结合、与学习生活工作实际相结合，实现文创产品的实用性、功能性，使文创产品在实际学生生活工作中体现出实际的使用价值，文创产品的设计方案要用创新的思维实现文创产品的趣味性、多种功能性。文创产品功能性设计主要体现在与日常学习生活工作密切相关的文创产品类别，如：服装、配饰、书籍、礼品、玩具、文具、家具、家居用品、厨房用品、照明用品，等等。天津市博物馆需要基于最具馆藏特色的藏品、非物质文化遗产以及天津城市文化中具有代表性和典型性的文化元素和文化要素，并将其与文创产品的实用性和功能行进行有机结合，从而设计开发出满足输出目的国家各个层级社会公众多元化消费需求的多用途的文创产品，最终通过文创产品这一载体实现文化传播的目的和意图。社会公众能够了解文创产品的文化创意内涵及其所蕴含的文化知识，最简单、最直接的一种方式，就是其作为文创产品消费者能够在其日常生活中切实使用利用到所购买的文创产品。因此，文创产品的设计不能只考虑其观赏性，也不能过分强调其实用性，而是要将观赏性和实用性糅合在一起形成文创产品的设计感。第三，文创产品的内容设计。天津市博物馆文创产品设计内容的来源是天津市博物馆馆藏资源、非物质文化遗产、天津地域文化和城市文化，因此文创产品在开发和设计时要对天津市博物馆特有的资源进行广泛而深入的挖掘，在文创产品的内容设计中突出体现天津的地域文化特色。文创产品的内容设计方面，要注重将传统的文化元素与当代的时尚要素进行有机统一和紧密结合，积极努力从天津市博物馆馆藏资源和非物质文化遗产中，遴选出精品馆藏和具有代表性的非物质文化遗产，发掘出其中所蕴含的丰富多样的文化内涵、文化故事和文化信息，并且进一步对这些文化内涵和文化信息进行提炼总结概括，最后浓缩成具有典型性和代表性的天津文化要素，并将其融入文创产品的内容创意设计中，从而透过文创产品充分而有效地彰显和呈现天津市博物馆文化品牌的独特魅力、隽永内涵以及深厚的历史文化积淀。

博物馆文创产品外观、功能和内容的开发设计需要避免出现同质化、单一化现象等问题。博物馆文创产品外观、功能和内容的开发设计同样需要避免因为一味追求设计的新颖新潮而使文创产品本身失去其最重要最本质的文化本性和文化品格，不能以降低传统文化的价值为代价来迎合市场、追求利润，这样会使目的输出国家社会公众对中国传统文化产生不恰当、不真实的印象，最终影响博物馆国际性文化输出的整体效果。

天津市博物馆国际性文化输出中文创产品的开发设计需要对

天津市博物馆馆藏文物、天津市民俗文化的特征和内涵有较为全面而准确地把握，从天津城市独特的地域文化中提炼浓缩出具有代表性和典型性的元素，进而根据所提炼选取的元素开展创新性设计，迎合时代潮流和国际动态，充分合理地运用这些元素进行文创产品的开发设计，将天津地域文化和民俗文化的内涵和特征与现代科技手段相结合，将天津地域文化符号和民俗文化符号与新时代和国际性元素相结合，从而使天津市博物馆国家性文化输出中文创产品的设计具有别具一格的风格和格调，既散发着时代气息和时尚气息、符合现代审美和目的输出国家价值观，又体现出民族性、传统性、蕴含浓厚的天津地域文化和民俗文化的独特性和与众不同。将文创产品与传统文化和民俗文化相结合，让传统文化和民俗文化真正做到古为今用，这样的文创产品能够体现出一定程度的人文情怀、文化传承，也能够激发消费者情感上的升华，从而满足目的输出国家消费者心理层面对中国文化和异域文化消费的需求。

天津市博物馆国际性文化输出中文创产品的开发和设计过程中，可以选取文化输出目的国家社会公众文化认同度高的藏品、具有异域风情的重点藏品，不断激活文物藏品的生命力，对重点藏品进行一条龙式的系统性开发，不断增加同一系列中不同类别、不同品种、不同风格的文创产品，通过多元创造架起高雅艺术与大众审美的多向车道，结合线上线下研发力量传播艺术之美，让天津市博物馆的千年文物散发当代之美和世界之美，打造出既蕴含浓厚天津特色、又符合现代审美的文化创意产品。

2. 价格

产品的价格是市场营销中最重要的组成部分之一，同时也是对产品的市场份额和盈利率起到关键性的决定作用。对于文创产品来说，一般产品的价格是以成本为基准和导向的。另外，文创产品作为一种特殊商品，其自身蕴含着一定的文化创意，因而产生一定的附加价值，这一点也是影响产品价格的重要因素之一。文化创意的核心价值和附加价值就是使文创产品本身具有故事性、叙事性、文化知识、文化认同感、文化认知感。文创产品所具有的文化创意这一核心价值才是文创产品营销策略的关键所在。

博物馆文创产品的特性决定了其价格定位与其他一般商品略有不同。天津市博物馆国际性文化输出中文创产品的价格受到多方面因素的影响，比如：输出目的国家消费者的消费层次和消费水平，消费者的消费年龄层次，文创产品本身的创意和新颖程度，文创产品的类别和种类，文创产品的成本等。基于上述多方面的价格影响因素，天津市博物馆在文创产品国际性输出中进行合理且稳定的价格定位。涵盖高、中、低档的多样化的文创产品价格定位，可以满足各个年龄层次的消费群体的多种消费需求和消费能力，从而有助于扩大文创产品在国家社会中的推广范围、加大文创产品在国家社会中的推广力度，进而有助于天津城市文化在各个国家更广泛的社会公众群中的宣传和传播。

天津市博物馆国际性文化输出中文创产品的价格定位可以借鉴国际上相对比较成熟、系统的文创产品的价格定位体系和策略，比如：大英博物馆的文创产品价格定位策略。大英博物馆对其文创产品的价格定位采取的是综合性的定价模式，根据价格定位的目标不同，主要有三种价格定位形式。第一，价格定位目标是获得合理的销售利润，这主要是针对博物馆所日常销售的正价文创产品。这类文创产品是基于馆藏珍品而开发的、以长期销售为目的的产品，因而其价格定位只是追求合理恰当的利润，从而保证此类文创产品能够在中长期一直保持平稳且不错的销售数量。第二，价格定位目标是产品利润的最大化，这主要是针对博物馆所开发的高档高仿文物精品、高档礼品。这类文创产品的开发主要目标销售群体是有这类消费需求和消费能力的特定人群，为满足其收藏、送礼等消费需求而特别专门开发设计的。基于对目标消费群体的分析研究和细化分类，最这类文创产品的价格定位追求获得较高的利润，从而达到产品销售利润最大化的目标。第三，价格定位目标是获得投资收益，即在一定的时间范围内使博物馆能够收回投资成本并且能够获得预期的投资回报。这主要是针对博物馆开发的与特定展览密切相关的文创产品。这类文创产品，与相类似的其他博物馆的文创产品相比，拥有别具心裁的设计、显著的竞争优势、恰当的利润率、足够的销售量。

除了上述三个方面的价格定位策略以外，博物馆文创产品的价格定位也要具有一定的灵活性，能够根据市场状况和市场反应对价格进行灵活的调整，能够根据文创产品所销售的目的输出国家和销售对象对价格进行灵活的调整。博物馆文创产品的价格定位具有一定的时效性，受到时间和空间等因素的影响。因而，灵活的文创产品价格定位策略有助于天津市博物馆在国际性文化输出中可以获取到与预期基本相符的经济效应，还可以收获良好的社会效应，而后者相比前者更为重要。天津市博物馆国际性文化输出中文创产品的销售和推广如要实现健康有序稳定的发展，必须要兼顾经济效益和社会效益，注重保护文物和非物质文化遗产的历史价值、文化价值和传统意义。

3. 渠道

天津市博物馆国际性文化输出中文创产品的销售渠道主要包含实体商店销售和网络商店销售两种。伴随着天津市博物馆国际性文化输出中对外展览的输出，通常前者为主要销售渠道。但随着“互联网+”时代的到来，网络销售渠道所占销售比例将越来越大，而且网络销售对于各个目的输出国家的国外消费者更为方便便捷、覆盖面更为广泛、辐射范围更大、影响力更为深远和长久。

对于实体商店销售这一线下渠道来说，展览参观路线的设计就显得尤为重要。天津市博物馆国际性文化输出中，有必要对展览的参观路线进行认为设计，也有必要对文创产品商店位置的布局和安排做出人为的干预。这样的有意设计和干预，对于参观观众来说，可以省去其自行设计参观路线的麻烦并节省时间，更重要的是，可以通过这种有效的引导性参观，帮助参观观众能够更加深入地了解展览和重点展品，更好地体验展览所传达的人文精神、文化内涵和文化精髓。在展览参观路线上的恰当位置，还有在展览结束的出口位置设置文创产品实体商店，可以吸引尽可能多的参观观众进入实体商店。这样根据参观观众的心理预期和心理需求来设计实体商店的位置，实际上是利用参观观众的心理特点来吸引和引导参观观众，从而达到服务参观观众的目的，最终实现的不仅仅是商业上的经济利益，而更重要的是社会效益，是一种文化上的领略和体验，是一种文化上的指向和指引。

天津市博物馆国际性文化输出中文创产品的营销渠道的选择

和扩展需要积极引入先进的传媒和现代化信息技术这些重要手段，从而达到更加有效而广泛地宣传天津城市文化、树立天津市博物馆文化品牌形象、推广天津传统文化和民俗文化的博物馆国际性文化输出的目的。

天津市博物馆国际性文化输出中需要加大力度积极开发和搭建文创产品的网络销售渠道。天津市博物馆可以利用自身的网络平台，如：官方网站、微信平台等，专门设立文创产品栏目，进行网络推广宣传，对其文创产品进行全方位的展示、翔实的宣传，并在此基础上进行销售。同时，天津市博物馆可以在国内和国际知名的、专业化的、成熟稳定的 B2B、B2C 网络销售平台上建立专属的网络商店，如：与 eBay、淘宝、京东等网络电商平台合作，开设网店，进行网络营销。

天津市博物馆国际性文化输出中需要大胆创新、充分利用手机新媒体 App 进行博物馆文化品牌的推广和宣传，进行天津城市文化和民俗文化的推介。比如，可以基于天津市博物馆馆藏精品、天津市非物质文化遗产、天津城市风貌、天津民俗文化等天津文化元素，利用现代技术制成手机 App 供国内和国外社会公众免费下载，实现社会公众与藏品、民俗等内容的动态互动。通过简单而直观的手指与手机软件的交流和互动，广大的国内和国外社会公众可以在手机上简便、快速、清晰地查看与藏品等相关的多种形式的信息，包括详尽的文字介绍、高清图片、三维动画等，获取与藏品相关的历史背景信息、文化内涵信息，以及浏览基于藏品所开发设计的所有相关文创产品。

天津市博物馆国际性文化输出中文创产品的推广和营销可以对互联网和移动互联网技术加以充分运用并予以善加利用，建立文创产品的线上推广和线下体验相互结合的一体化营销体系。文创产品的销售需要与互联网进行深度且广泛的融合。目前出现的线上与线下融合的模式，也就是O2O模式。在这种融合模式下，社会公众可以在线上通过互联网、手机等浏览并选择商品，然后在实际的参观游览中寻着途径到线下的实体店里确认其线上所做出的选择，最终在线上完成付费。这种新的线上与线下的深度融合模式对文创产品的销售能够起到很大的促进作用。

故宫在北京三里屯开设的首家线下快闪店——“朕的心意”就是这种线上与线下的深度融合模式的一种新的尝试。快闪店一营业，就吸引了颇多顾客，而其中的绝大多数都是年轻人。故宫这个严肃而古朴的地标来到三里屯这个颇具时尚气息的地方，这种传统与时尚的碰撞感引起了另一种风潮。快闪店的形式是故宫文化“出宫”的一次有益尝试。快闪店的出现，一方面能让故宫文化贴近到更多人的生活中，让人们在逛街娱乐时就可以轻松感受故宫文化的魅力；另一方面通过快闪店内的互动活动，让游客进行有趣的文化体验，对传统文化的传播起到积极作用。[①]

博物馆文创产品具有别于一般商品的特殊属性，这就决定了博物馆文创产品的销售渠道与其他商品的市场开发有所不同，不能一味追求纵向的和深度上的拓展，而是需要以天津市博物馆馆藏精品、天津市非物质文化遗产、天津城市风貌、天津民俗文化等为核心和焦点，将伴随和配合对外展览的营销作为基础，注重加强对外合作，不断扩展对外合作的范围和领域，加强与合作伙伴之间

---

① 宋宇晟.故宫快闪店两天卖断货 文创产品如何吸引年轻人？[OL].中国新闻网，2018年2月8日.[2019－07－10]http://www.xinhuanet.com/2018－02/08/c_1122384573.html

的资源共享,最终实现文创产品营销渠道和销售网络的不断拓宽、不断完善、不断成熟。

4. 推广

天津市博物馆国际性文化输出中文创产品的推广和营销需要以博物馆及其文化品牌为中心和核心来展开和推进,因为天津市博物馆国际性文化输出中文创产品营销的指导原则就是博物馆文化品牌战略。博物馆文化品牌的创建和经营与博物馆自身发展建设以及博物馆国际公共关系的处理是密切联系、不可分割的。

天津市博物馆国际性文化输出中文创产品的推广和营销可以采取将文创产品与对外展览相互捆绑、打包式的方式来进行国际性文化输出。这种做法可以参照上海博物馆之前的案例。2009 年上海博物馆在大英博物馆举办展览,并且同期、同步销售其文创产品。正是基于本次双赢合作的基础,大英博物馆在展期后仍旧持续从上海博物馆进货,并在自家文创商店销售上海博物馆的文创产品。双方建立的长期稳定的合作伙伴关系,不但可以实现经济上商业利益方面的双赢,更重要的是这种合作伙伴关系进一步扩展,有助于促进和深化双方馆际交流与合作关系的发展。这种通过文创产品建立的联系,作为一种纽带客观上就需要双方博物馆之间长期的、不断的相互沟通和了解。利用这种沟通和交流,双方博物馆不但可以将自身的文创产品和精品展览推广出去,而且更重要的是可以博物馆文化品牌推广出去。对外展览与文创产品可以紧密结合起来,一起作为天津市博物馆国际性文化输出的手段与方式。不像文物受到诸多限制,文创产品的展示几乎不受空间和时间的限制,可以在博物馆场馆内部,也可以在博物馆场馆外部，不论是在国内还是在国外，文创产品都可以随着对外展览一起打包进行国际性文化输出。文创产品的对外销售实际上也可以视作对外展览的一种特殊形式，可以在世界舞台上展现出天津市博物馆的创新能力、发展活力、勃勃生机。

天津市博物馆国际性文化输出中文创产品的推广营销需要将目标消费人群划分成不同的层次，针对不同的消费人群选取与其相关和匹配的文创产品开展恰当的推广和营销方式和策略，从而达到更加有效的传播天津地域文化的目的。在各类、各层次消费人群中需要特别强调和重视儿童这一消费群里的消费能力和消费潜力。例如：英国和法国的许多博物馆都特别专门针对儿童这一消费群体设计开发了各种类型的书籍，将博物馆的经典和重点藏品以及与藏品有关的历史人物都进行卡通化处理，以适应儿童的认知能力和理解能力，简单易懂，生动有趣，避免了只有文字和图片的枯燥乏味的说教模式和教科书式讲解，从而为儿童营造出一种简单、快乐、愉悦的学习氛围。这种针对特定消费群体而采取的整体设计和营销策略的方法，是博物馆对潜在消费群体的行为、心理、认知、兴趣、价值观念等进行了全面而深入的调查和分析的基础上开展和推行的。这样博物馆才能根据消费群体的特定情况和特殊需求，对博物馆文创产品的设计和开发思路和方案进行调整。博物馆需要重视其对儿童的教育作用，这是博物馆社会职能中不可忽视的重要部分。儿童群体的消费不仅仅是一种简单的经济意义上的消费行为，更重要的、更具影响力的是一种潜移默化、润物细无声的教育活动。

例如：故宫在院内专门开设了针对儿童的文创产品商店，“故宫文创儿童体验店”。儿童体验店主打文创、互动、体验，在这里工作人员围绕故宫的文创产品，为儿童特别设计了互动活动，让他们可以通过使用、体验文创产品来增进对故宫文化的了解。“给壮壮、美美穿衣服”活动，通过指导儿童为白色的吉祥物“壮壮、美美”摆件涂上颜色，引导孩子对色彩的认识，普及宫廷服饰文化。“故宫动物城”活动，通过体验以故宫建筑及文物中的动物元素研发的折纸小车，提升儿童的动手能力，同时了解龙、凤、麒麟、狮子、大象、獬豸、角端等故宫瑞兽的文化内涵。这种尝试可以进一步提升故宫文创产品的研发水平和服务水平，为儿童提供一个独特的环境和场所，通过专为儿童设计的文创产品传播故宫文化、寓教于乐。同时，这种尝试也能够为参观观众提供多元化、个性化的服务，满足不同年龄层次参观观众的不同需求，在故宫文创领域尝试主题化经营。①

综上所述，天津市博物馆国际性文化输出中文创产品的开发和推广能否取得成功，最重要、最根本的基础和因素是文创产品是否具有博物馆特色、天津地域文化特色、是否具有足够创意、制作是否精良精美。国际性文化输出中文创产品的开发需要做到种类丰富，针对不同消费群体进行专门个体化、个性化设计，文创产品的系列化和系统化相互结合，既围绕重点展品开展系列化的全品类文创产品开发，也要以整个展览为基础开展系统化的文创产品开发，使文创产品的开发设计既具有深度，针对重点展品的文创产品开发的深度发掘，又具有广度，文创产品的开发覆盖展览中展品的大部分。文创产品的开发设计还需要注意其审美价值以及制作

① 虞鹰. 故宫文创儿童体验店正式开放 适龄儿童免费体验[OL]. 华夏经纬网，2016年6月2日.[2019－08－01]http://www.huaxia.com/zhwh/whxx/2016/06/4867295.html

材料和制作工艺的品质，为潜在消费群体提供多类别、多品种、多档次、多样化的文创产品。天津市博物馆国际性文化输出中文创产品的精心设计、创意开发固然很重要，但精良的文创产品更需要有良好的营销策略来为其推广助力。

天津市博物馆需要不断加强自身建设，提高自身的影响力，树立良好的文化品牌，以此来扩大文创产品的知名度和认可度，同时还要做好全面充分详尽的市场调研，为文创产品确定合理的价格定位。天津市博物馆还需要充分积极地利用其官方网站、微博和微信等网络平台来大力推广和介绍其文创产品，积极大胆地建立网络销售平台和销售模式，创立线下与线上融和一体的营销体系，从而扩宽文创产品的国际销售渠道，为目的输出国家的社会公众收集、收藏、购买文创产品提供便利，最终实现天津市博物馆文化品牌的创立、天津地域文化的传播、天津城市形象的推介。

第四章　策展实践

天津市博物馆国际性文化输出中需要使对外展览发挥其应有的作用和功能。通过对外展览，向目的输出国家彰显天津地域文化，展示天津城市所特有的历史文化、社会发展、人文特征、风土人情、民风民俗、历史积淀、时代发展。同时对外输出展览对天津市自身也大有裨益，对外展览同样可以发挥传承和弘扬天津历史、文化和传统的作用，有助于保护文化多样性，为世界文化的多彩绚烂做出贡献。

鉴于天津这座城市古老的文明、悠久的历史及其在中国近代史上的重要地位，本研究选取天津市地方史展览“天津人文的由来”和“中华百年看天津”两个展览作为天津市博物馆国际性文化输出对外展览的实践案例。两个展览从整体上浓缩展现了古代天津和近代天津的城市风貌。基于本研究中天津市博物馆国际性文化输出可行性策略，对两个展览进行整合、修订和完善形成一个适合国际性输出的展览大纲“天津”。

李叔同是中国近代音乐、戏剧、美术教育的先驱，杰出的诗人和书法家，对中国早期新文化发展做出过杰出贡献的天津本土文化名人。天津，是弘一大师李叔同的诞生地，记录了他青少年时期美好光阴，他一生辉煌的建树得益于津沽大地深厚文化底蕴的滋养，他的高风亮节与杰出贡献，是天津城市文化特性的重要组成部分，是天津城市精神的历史体现。

鉴于李叔同作为天津走出的伟大贤者、近代天津与世界文化交流的代表人物，本研究选取历史主题展览“海河之子——李叔同与天津”这一展览作为天津市博物馆国际性文化输出的实践案例。这个展览从个体层面，展现近代天津历史文化，具有典型性和代表性。该展览于李叔同135周年诞辰之际的2015年4月9日在李叔同故居纪念馆正式向社会开放，受到观众和业界的广泛好评。基于本研究中天津市博物馆国际性文化输出可行性策略，对该展览的国际性输出展览大纲进行修订和完善。

一　策展实践之一：“天津”

“天津”这一展览对古代天津和近代天津的社会发展历史予以简略而扼要的展示和呈现。古代天津涵盖自旧石器时代末期直至清朝中后期这段近万年的历史进程，展览的古代部分展示了这一漫长而又曲折的历史过程，在这段时期天津从荒无人烟的不毛之地逐渐发展到围绕运河而建立并繁荣壮大的城市。天津的地理位置特殊，因河海交汇而形成发展、因毗邻首都北京而得天独厚，这样的地理位置造就了军队屯驻、人口聚集、漕运枢纽、商品流通等天津古代发展进程中的重要影响因素，展览的古代部分对这些影响要素和重要史实予以了重点而突出的介绍和展示。近代天津的发展历史对于了解中国历史具有十分重要的作用，可以说是中国近代史的缩影。天津环绕在北京城周围起到保卫京城的作用，因为这样特殊的地理位置，因此天津在中国近代发展史上扮演着重要的角色，也因此而在天津遗留并产生了近代中国一批珍贵的历史文化遗产。这些历史文化遗产涵盖范围广泛，包括近代工业遗产、历史遗迹、名人故居、九国租界等。基于这些因素，天津在近代也成为文物收藏的活跃之地。这是天津特有的地域文化特征所在，也是天津市博物馆的馆藏特色所在。

“天津”这一展览不仅能够使目的输出国家的社会公众能够充分了解到古代天津的人文由来以及近代天津在中国近代史上的重要地位，而且对天津市博物馆国际性文化输出过程中打造天津博物馆文化品牌和天津城市文化品牌、提升天津城市文化的国际影响力至关重要。[①]

1.展览介绍

“天津”古代部分概略地展示天津自旧石器时代末至清朝中后期上万年的历史进程，具体内容包括“文明初晓——史前的天津”“青铜岁月——夏商周时期的天津”“帝国春秋——秦朝至元代的天津”“城市时代——明清时期的天津”四个部分。

“天津”近代部分主要表现近代天津的百年风云，具体内容包“抵御外侮”“政治变革”“经济中心”“中西交汇”四个部分。

---

① 陈卓.浅议博物馆陈列对彰显区域文化的贡献——以天津博物馆“中华百年看天津”陈列的社会效应为例[J].湖南省博物馆馆刊，2010(7)，679－684.

2. 展览大纲①

(1)前言

天津地区的人类活动已有上万年的历史。在漫长的岁月里，随着人类足迹从北部山地向河畔海滨的延伸，这一地区经历了从不毛之地到运河城市的曲折过程，融合了多种文化的发展成就。近千年来，河、海交汇与毗邻首都的地理位置是影响古代天津发展的关键因素，由此产生了军队的屯驻、人口的聚集、漕运枢纽的形成、商品流通的兴旺。古代天津城市的不断发展为近代天津的崛起创造了条件。

鸦片战争后的一百年间，中华民族经历了半封建半殖民地的苦难历程。为争取民族独立，实现国家富强历史地成为中国人民的神圣使命，天津人民同全国人民一道在屈辱中奋起抗争，一代又一代的仁人志士，在津沽大地上进行了艰苦卓绝的探索和不屈不挠的奋斗。自洋务运动开始，天津成为近代工业文明在中国北方的传播中心、中西文化交汇的前沿和国内许多新事物的发源地。各界爱国人士纷纷在天津践行实业救国、教育救国和科学救国，使天津经济、文化等走在全国前列，成为中国北方最大的工商业城市。近代天津堪称中国百年历史的缩影，近代天津人民的奋斗，代表了中华民族在苦难中抗争、探索、觉醒、奔向光明的历程。

(2)第一部分：文明初晓——史前的天津

新石器时代的天津文化至少具有两大特色：它是中国北方文化的重要组成部分，而北方文化是目前已知中国文明中最早成熟、

① 见附录7：策展实践1："天津"展览大纲(中英文)。

发达起来的一种文化;它是不同文化交汇的产物,来自燕山以南和太行山以东的两种文化都在天津北部的山前平原留下了遗存,他们是天津市域内最古老的文化。

(3)第二部分:青铜岁月——夏商周时期的天津

夏、商时期,天津地区的人类文明主要是土著文化。从西周开始,外来的燕国文化逐渐融合土著文明和自北方传入的其他文化。与此同时,天津平原地区逐渐成陆,这一地区的人文历史从一开始就与自然环境的变迁相互影响。

(4)第三部分:帝国春秋——秦朝至元代的天津

秦始皇统一中国后,天津地区正式进入大一统中央集权的帝国版图。作为多民族国家历史的一部分,天津与全国大部分地区一样经历了汉唐盛世和少数民族入主中原的战乱。这一时期,天津地区经历了海河水系的形成、京师门户和漕运枢纽的确立,这些都为天津历史的进一步发展增添了动力。

(5)第四部分:城市时代——明清时期的天津

永乐二年(1404 年 12 月—1405 年 1 月),明王朝在海河与南、北运河交汇处的三岔河口地区设卫筑城,天津历史进入城市时代。永乐皇帝为这座新城赐名“天津”。随着漕运、盐业及商品流通的发达,文化教育的兴盛,经过三百多年的变迁,到 1731 年(清雍正九年)设府,天津由一个军事卫所成长为一座中等规模的城市。经过进一步发展,到 1850 年前后,天津成为仅次于首都北京的中国北方第二大城市。

(6)第五部分:抵御外侮

为了扩大在华权益,1856－1860 年,英法两国对中国发动了第二次鸦片战争。濒海临都的天津,开始成为西方列强自海上征服中国最重要的桥头堡，因而也是近代中国军民抵御外侮的前哨主阵地。

天津开埠后，英、美、法三国率先在天津建立了租界。随后，德国、日本、俄国、意大利、比利时和奥匈帝国又在天津划定了租界。到1902年，形成了九国租界，面积约相当于当时天津城厢的八倍。

(7)第六部分：政治变革

第二次鸦片战争后，直隶总督、北洋大臣李鸿章驻节天津25年，天津成为洋务运动的北方中心和近代中国的外交中心。维新变法期间，严复在天津宣传变法思想，天津成为维新运动的重镇。八国联军侵华后，为进一步探索国家出路，天津成为“新政”的实验基地。武昌起义前后，中国民主革命的伟大先行者孙中山曾三次来到天津，资产阶级立宪派的活动使天津一度成为中国北方政治运动的中心。

(8)第七部分：经济中心

洋务运动期间，天津在工业、交通运输等许多方面开创了中国现代化之路。此后，一些爱国企业家又在天津进行实业救国的探索，陆续兴建了一批工矿企业，逐步形成了纺织、化学和食品工业等支柱产业。与此同时，一批大型零售商场的落成标志着大都会式的商业中心全面形成，内外贸易的持续发展使天津成为中国北方最大的商品集散地，现代金融业也得到蓬勃发展。经济的发展带动了城市建设，进一步丰富了城市的载体功能。

(9)第八部分：中西交汇

从洋务运动开始，天津的近代教育就走在全国前列。进入20世纪，一批以教育、科学救国为己任的有识之士又在天津辛勤耕耘，创办了诸多享誉全国的教育、文化、科研机构。同时，西方美术、音乐、戏剧、电影等艺术形式与以京剧、评剧和曲艺为代表的中国传统表演艺术也在海河之畔交汇升华。近代文明的传入使天津的社会生活逐渐发生变化，人们的衣食住行、休闲娱乐等生活方式开始出现以商业化、城市化、社会化和快节奏为特征的变迁。

二 策展实践之二："海河之子——李叔同与天津"

李叔同是从天津走出的文化名人，是天津永远的骄傲。他集诗词、书画、篆刻、音乐、戏剧、文学于一身，在多个领域，开中华灿烂文化艺术之先河。2015 年是李叔同 135 周年诞辰，为纪念这位从天津走出去的伟大先哲、一代艺术巨擘，李叔同故居纪念馆策划了历史主题展览"海河之子——李叔同与天津"。该展览旨在展示和研究李叔同与近代天津历史文化的渊源，为国外观众搭建了解天津本土文化名人李叔同的平台。

1. 展览介绍

"海河之子——李叔同与天津"共分津门故家子、少年好古主、新时代杰士、斯土育斯人四个单元，以李叔同青少年时期在天津的生活为切入点，通过实物展现李氏家族在天津的生活、与天津学者的交流互动、为天津做出的贡献等内容，还原他青少年时期的人生轨迹及其杰出成就，并揭示其与近代天津文化发展之间的渊源关系。其中，李叔同祖籍考证资料、李叔同考课试卷以及他早年的绘画作品等许多展品均为历史事件的第一手资料，也都是首次公开亮相。这些资料真切地反映出了李叔同的生活内容、思想演进历程以及艺术成就，从侧面体现了天津近代文化的深厚底蕴。

目前一些有关李叔同的展览，其陈展内容多以介绍他的传奇人生和卓越贡献为主，能够突出天津地方特色和天津地域文化对李叔同影响的内容并不多见。“海河之子—李叔同与天津”历史主题展首次以展览形式对李叔同青少年时代的经历加以梳理，通过展示李叔同在天津时期的生活经历与思想活动，介绍其所处地域的文化结构、时代背景、家庭环境以及交游的文人学者，将李叔同最突出的文学艺术贡献与近代天津相应领域的文化发展状况进行比较，揭示两者间密不可分的渊源关系。

2. 展览大纲[①]

(1)前言

李叔同(弘一大师)是中国近代伟大的文化先驱。他在文学、美学、佛学等多个领域具有开创影响，为今人留下了巨大的精神财富。他的人生经历跌宕，人格魅力高尚，曾为一个时代的楷模与典范。

天津是李叔同的故乡，他一生辉煌的建树得益于这片沃土。在这里，李叔同奠定了扎实的传统学术根基，寄托着无尽的闲情与欢乐，孕育了极大的爱国热忱，迈出了人生与事业的第一步。他最难忘怀的是梦里家乡的沉沉暮雨，津沽大地也一直传颂着这位拳拳赤子。

一代艺术与佛学宗师李叔同，是天津永远的乡贤，也是天津永远的骄傲。

---

① 见附录8：策展实践2：“海河之子：李叔同与天津”展览大纲(中英文)。

(2)第一单元:津门故家子

【单元说明】近代,天津为北方商业中心与文化重镇。李叔同家族世代居此,以经营盐业、钱业致富,同时大力从事地方慈善事业,以善行义举著称乡里。殷实家境与良好门风为李叔同的成长奠定了坚实基础。

内容说明:李氏家族于经商同时积极投身慈善事业,先后主持或参与创办备济社、痘局、义学等公益机构。这些举措在赢得盛誉的同时,也开创了为善兴仁的良好家风。

内容说明:1880年,李叔同诞生于天津。但关于其祖籍问题,说法纷纭,莫衷一是。最新研究表明,李家至迟于清前期即已居于天津,其祖籍属天津无疑。

内容说明:李叔同的青少年岁月在天津度过,家庭对他的影响极为深刻。在这里,他度过了人生中最为轻松愉悦的一段时光。

(3)第二单元:少年好古主

【单元说明】少年时代的李叔同醉心于古典传统文化,如其师友所称"李子叔同,好古主也"。在接受正统教育的同时,他对多个领域的文化艺术皆喜爱精通,并与津门众多文化名流交游往还,博采众家所长,为其日后成就打下了坚实基础。

内容说明:在接受传统教育同时,李叔同对于书法、篆刻、绘画以及金石收藏等无不留心精研,更因此结交了一批良师益友。

(4)第三单元:新时代杰士

【单元说明】李叔同生活在一个大变革的时代,故乡天津是当时中西文化交融的前沿。随着新思潮的涌入,李叔同逐渐生发出对新学的渴望,并自觉探求维新强国之路。同时,饱受战火肆虐的故土家园,又使他此志向更加坚定。

内容说明:无论"图强"抑或"求富",在探求救国真理的道路上,青年李叔同始终紧扣时代脉搏。同时,作为维新思想传播的主阵地,近代天津成为李叔同探求新知的沃土。新思想在其脑海中萌发,他以敢为天下先的姿态屹立于时代潮头。

内容说明:李叔同从少年时已开始忧心国家民族的危亡。1901年春,李叔同回津探亲,正值八国联军占领天津之后。满目疮痍的景象,使李叔同无限悲愤,更激发了其远游求学,报效祖国的信念。

(5)第四单元:斯土育斯人

【单元说明】李叔同是中国从传统迈向现代文明时期重新构建民族精神与民族文化的先行者。他在戏剧、音乐、美术、教育等多个领域取得了开创性的卓然成就。这与其在天津打下的文化坚实基础密不可分,与天津引领近代文明的先进地位密不可分。

中国话剧的奠基人

内容说明:天津是近代中国最早接触西方剧种的城市之一,多样文化的引入开阔了李叔同的视野,并由此启发其开创了中国话剧的先河。

中国近代启蒙音乐家、传播西方音乐的先驱

内容说明:清末,西洋乐曲、乐器相继传入天津,促进了传统音乐的改良与近代音乐的出现。其中,"学堂乐歌"是中国近现代音乐的源头。李叔同是早期"学堂乐歌"的作者、提倡者和推广者,他率先向国人介绍西方乐器、乐理,并将相关内容贯穿于音乐教育之中。他的音乐作品优美动听,歌词与曲调结合完美,广泛流传于当时的中国。

中国近代传播西方美术的先驱

内容说明：李叔同在天津期间，受中国传统书法、绘画的感染和熏陶，初步形成自己的书画风格。留日后，他又将中西画法融会贯通，广泛吸收西方不同美术派别的艺术思想，在绘画及绘画研究方面均能独辟蹊径，同时开创了中国广告画的先河。

中国近现代新式艺术教育的开拓者

内容说明：李叔同早年即对家乡的教育事业非常关心，天津也是李叔同教育事业的起航点。他在教学中开设一系列新式课程，为中国近现代艺术教育做出开性实践；同时，注重人格培养的教育路线与方式又使他成为身教的典范。

中国近现代文学领域的先驱模范

内容说明：李叔同的诗词在近代中国文学史上也占有一席之地。在天津时，他在经史诗文等方面打下坚实基础，曾以“二十文章惊海内”自诩。其一生创作不仅曾风靡一时，更成为经久不衰的传世之作。

(6)结束语

李叔同的青少年时代是在天津度过的，李叔同在天津有着深厚的人脉与文脉。虽然在他取得辉煌成就之时，已经远离了故土，但他的文化艺术底蕴却深深地植根于天津。

天津是李叔同出生的地方，天津是成就他一生事业的基石，更是孕育这位一代艺术与佛学宗师的摇篮。

第五章　文创产品开发实践

天津市博物馆国际性文化输出中文创产品的开发与设计要紧密围绕天津市博物馆馆藏资源以及天津非物质文化遗产来开展，从而在国际舞台上宣传天津传统文化精髓、树立天津城市文化形象。

一　天津市博物馆文化资源的选择

天津市博物馆拥有丰富而多样的文化资源，包括馆藏文物资源、天津非物质文化遗产、天津地域文化资源，这些文化资源是文创产品内容设计和文化内涵的来源，是文创产品创意的源泉。文化资源的独特性是文创产品独特性的基础和保障。在天津市博物馆文创产品开发和设计的前期，首要任务就是要对天津市博物馆资源进行较为全面而深入的调研、了解、分析、研究，整合名人故居资源，做好非物质文化遗产传承与弘扬，这样才能更好地、更加深入地发掘这些优质历史文化资源的文化内涵，才能使所开发设计的文创产品独具特性和竞争优势，凸显天津城市文化特色，进而透过文创产品，弘扬天津精神，推动文化传承创新发展，打造天津城市品牌，展示天津城市形象，扩大天津城市的国际影响力。当然，也不是博物馆所有的文化资源都适合于文创产品的开发，或者适合于国际文创产品市场，所有需要对天津市博物馆的文化资源有意识地进行选择与整合。天津市博物馆国际性文化输出中文创产品的开发设计需要基于恰当合理的文化资源而开展，这样文化资源才能为文创产品的开发设计提供灵感源泉以及文化价值的载体。

天津市博物馆文创产品的开发设计要以藏文物资源、天津非物质文化遗产、天津地域文化资源为基础，善于挖掘这些天津文化资源，提炼其中的特色信息和独特元素，选择其中适合开发设计文创产品的文化资源，从而来展现天津市博物馆的文化特征和独特之处。天津市博物馆文创产品的开发设计可以从多个角度和多个维度切入，诸如博物馆自身品牌资源、博物馆的馆藏文物资源、博物馆现有的展览资源、博物馆建筑本身、博物馆的馆徽、标志、吉祥物、天津非物质文化遗产等。天津市博物馆文创产品的开发设计需要对上述要素综合灵活运用，充分展示天津市博物馆文化的精华、天津城市文化的特色，使所开发设计的文创产品既具有艺术性、独创性，又具有趣味性、实用性，还兼顾达到教育目的。

天津市博物馆国际性文化输出中对文化资源的利用不可能做到全面覆盖，因此要选择天津文化资源中具有典型性、代表性的来进行文创产品的开发设计，这样才能够突出显示天津市博物馆的文化特色以及天津独特的地域文化特征。代表性的文化资源，从某种意义上来说，是可以代表天津市博物馆品牌形象的，是可以代表天津市地域文化的，因此理想的代表性文化资源应该是具有唯一性和独有性的。代表性文化资源所具有的知名度通常较高、社会公众的接受度较高、社会受欢迎程度也较高,因而博物馆文创产品开发设计时也会首先重点考虑这些代表性文化资源,以此为对象开展创意设计。

二 天津市博物馆文创产品的设计策略

天津市博物馆国际性文化输出中,经过对于天津市文化资源的选择、整合、提炼、升华,再通过具有独创性的设计理念,给文化资源赋予审美特征、实用功能、文化内涵等附加价值,最终开发设计出相应的文创产品,从而达到在国际社会宣传推介天津市博物馆文化、树立天津城市形象的目的。

1. 博物馆文创产品的设计要素

天津市博物馆国际性文化输出中文创产品的开发设计要综合考虑文化要素、形式要素、功能要素、情感要素等设计要素。

(1)文化要素

天津市博物馆国际性文化输出中的文创产品是以天津市博物馆的文化资源中所蕴含的文化因素为基础进行开发设计的。针对这些文化因素,需要对其进行认真筛选和重新审视,加之以文化内涵等附加价值,以创新意识将这些文化要素以全新的形式予以展现,并且符合目的输出国家社会公众的审美特征和审美需求。文创产品可以将观众在展览参观过程中受到的视觉冲击和感官冲击进一步扩展,从而延伸到日常的生活、学习、工作之中,文创产品可以对观众在参观时获得的视觉冲击和感官冲击进行补充甚至是弥补，并且将观众对于文化资源的感受和体验在日常生活的点点滴滴中进行渗透与延续。

(2)形式要素

天津市博物馆国际性文化输出中的文创产品的外观形式对于文创产品的整体效果也是至关重要的。外观形式是文创产品的物化表象，是对于抽象的审美特征的具体化、实体化表现和呈现。目的输出国家社会公众通过文创产品的外观形式形成对于文创产品及其文化内涵的最初步、最直观、最感性的印象、认识和感受。文创产品的形式要素主要是指文创产品的造型、外观、色彩、样式、工艺、纹饰、图样、材料、质感等方面。

(3)功能要素

天津市博物馆国际性文化输出中的文创产品开发设计时除了要考虑其文化要素，还要兼顾并重地考虑其功能要素。文创产品的设计开发的出发点和基础是天津市博物馆的馆藏资源、非物质文化遗产等文化资源，以这些文化资源为依托，借助创新理念和创新设计，给文创产品赋予功能性、注入实用性，使文创产品在生活、学习、工作中具备一定的功能价值、发挥一定的作用，多样性的功能和作用包括教育、智力开发、情商培养、审美、认知、娱乐等各个方面。

(4)情感要素

天津市博物馆国际性文化输出中的文创产品开发设计时除了要考虑其文化要素和功能要素，还要考虑其情感要素。文创产品需要具备一定的情感层面的特征和特性，从而符合并满足目的输出国家社会公众的深层心理期待和心理需求、文化差异和文化共性。情感层面的特征包含个人动机和社会动机两个方面。个人动机与目的输出国家社会公众个体的个人背景、经历、情感、心理密切相关，而社会动机则与目的输出国家整个社会群体所共享的社会、历史、文化中的象征意义、文化联想意义紧密相连。

2. 博物馆文创产品的设计原则

天津市博物馆国际性文化输出中文创产品除了要体现上述文化要素、形式要素、功能要素、情感要素四个方面的设计要素以外，同样需要遵循一定的文创产品设计原则和要求，具体包括四个设计原则：品牌识别性原则、系列化原则、适度包装原则、文化性与创新性相结合原则。

(1)品牌识别性原则

天津市博物馆国际性文化输出中文创产品开发设计需要特别重视天津市博物馆文化品牌、天津城市文化品牌的创建。实施文化品牌战略有助于逐步建立并稳步提升天津市博物馆的品牌价值、天津城市的品牌价值、天津城市的形象和影响。实施文化品牌战略也有助于将天津市博物馆文创产品与其他博物馆的文创产品或其他地区的文创产品加以区分，使天津市博物馆文创产品从众多文创产品中显露出与众不同并脱颖而出，最终获得目的输出国家社会公众的认可、喜爱并支持、购买。

(2)系列化原则

天津市博物馆国际性文化输出中文创产品开发设计要运用的主要策略和形式之一就是系列化开发设计。系列化的文创产品开发是针对天津市博物馆文化资源的某一文化元素或文化符号,对其展开深层次、多维度的挖掘,而开发设计出覆盖种类全面的一系列文创产品。对于这一文化元素或文化符号通常采用较为统一设计手法和一致的设计方案,包括文化元素或文化符号所采用的形象、图案、样式、色彩、色调搭配等方面,从而在目的输出国家社会公众心里形成稳定而牢固的文化形象。

(3)适度包装原则

天津市博物馆国际性文化输出中文创产品开发设计时除了将文化资源中的精髓转化成精美的文创产品,关注并重视文创产品本身的设计以外,也要注重文创产品的包装设计。文创产品的外在包装设计要与文创产品本身的种类、类别、价格、样式、材料、质地等相互统一、协调一致,达到内在与外在的完美结合,从而在目的输出国家社会公众心理形成完整而统一的文创产品形象。文创产品的外在包装设计具有独特的文化内涵和文化特质,能够在目的输出国家社会公众心理产生一定的视觉效果,与文创产品本身一起构成文化元素创意设计的统一整体。文创产品的包装是天津市博物馆文创产品的重要组成部分,进而也是天津市博物馆文化品牌的一部分,是天津市博物馆整体文化品牌形象的一部分。

(4)文化性与创新性相结合原则

天津市博物馆国际性文化输出中文创产品开发设计需要独特性、创新性,这样才能使文创产品具有创意附加价值。而文创产品开发设计的根源在于天津市博物馆的文化资源,文创产品的文化附加价值就是来源于这些文化资源所蕴含的文化要素和文化内涵。天津市博物馆国际性文化输出中,如若使文创产品产生良好的经济效益和社会效益,就要一方面注重创新性,另一方面注重文化性,这样两手抓,才能使所开发设计的文创产品完美地将创新性与文化性相互融合,在艺术的深度与创意的广度上相互结合。这样文创产品的整体视觉形象才能够充分地展现文化资源的文化内涵、历史渊源、故事情节、美学情趣。

3. 博物馆文创产品的设计思维

天津市博物馆国际性文化输出中文创产品的开发设计需要以天津市的文化资源为依托和基础,为精髓的历史文化传统注入崭新的活力和生机,这样才能以传统文化为基础创造出全新的价值,赋予优秀的文化传统以时代生命力。从深度和纵深层面对天津市博物馆的文化资源开展全面深入的挖掘,提炼天津市博物馆的文化资源的核心的、深层的文化内涵和文化精神,发现与众不同亮点和创意点,并将这些文化资源转化为具有审美特征、商业吸引力的文创产品设计方案,开发出独一无二的文创产品。天津市博物馆国际性文化输出中文创产品的开发设计要具备表象思维、符号转化思维、意蕴诠释思维这三种设计思维模式。其中,表象思维和符号转化思维属于设计思维模式的外在表现,而意蕴诠释思维则属于设计思维模式的内在转化。[①]

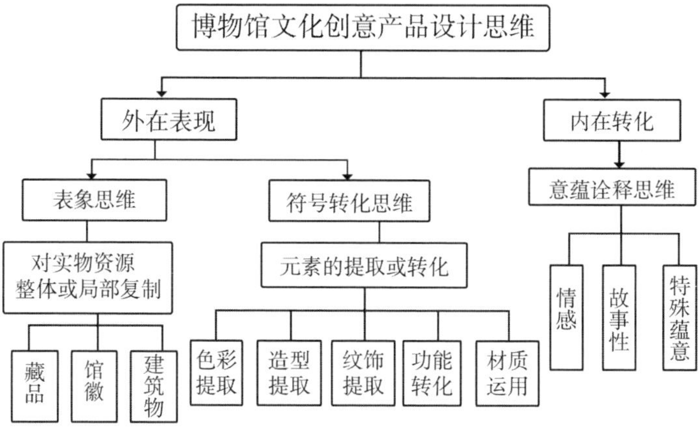

博物馆文创产品设计思维模式

(1)表象思维

表象思维是指在对一个新鲜事物的了解认知过程中，人类对于新事物的外在的、表面的、直观的、感性的、视觉上的特征进行认识和选择，进而形成个人对该事物的认识，这种认识主要是反映和映射该新事物的形象特征和视觉特点。表象思维模式有助于在直观和感性层面了解新事物所要表达的内涵和意义。因而，将表象思维模式运用到天津市博物馆国际性文化输出中文创产品的开发设计过程之中，有助于目的输出国家的社会公众对于博物馆形象能够产生比较高的识别性，可以很快地认识、了解、认可天津市博物馆及其文化资源，对于文创产品所蕴含的文化内涵和文化意义

① 张尧.基于博物馆资源的文化创意产品开发设计研究[D].苏州大学，2015.

能够产生比较直观的表象层面上的认知和理解。天津市博物馆国际性文化输出中文创产品的开发设计中对于表象思维模式的实际应用方式主要体现在对于天津市博物馆文化资源的直接复制和利用，比如：对天津市博物馆的馆藏精品进行直接简单的复制、对于天津市博物馆馆徽形象的直接提取利用、对于天津市博物馆场馆建筑本身的整体外观或者局部造型元素的直接运用、对于天津市非物质文化遗产相关造型元素的提取和综合运用。

(2)符号转化思维

符号转化思维是指将表象思维模式中对于新事物的直观的、表层的认知，提升到更加深入、更加抽象的层面的认知和理解。天津市博物馆国际性文化输出中文创产品的开发设计中对于符号转化思维模式的运用，具体来说就是将天津市博物馆文化资源中所蕴含的文化内涵和文化元素通过符号、图腾、标志的形式融入、整合到文传产品的设计方案中，从而使文创产品除了具有文化资源的表层形式上的文化要素以外，同时具备更重要的、更深层面上的文化内涵、文化寓意、文化意义。通过具体的、形象的艺术表达方式和艺术表达形式，来传达天津市博物馆文化资源中所富含的抽象的传统、历史、文化的精神实质和深邃内涵，从而帮助目的输出国家社会公众更加容易、更加准确地理解和领悟天津市博物馆文化资源的文化内涵。天津市博物馆国际性文化输出中文创产品的开发设计中对于符号转化思维模式的实际应用方式主要体现在对于天津市博物馆文化资源的各个层面和组成要素的提取和转化，比如：对于天津市博物馆文化资源的色彩、纹饰、造型的提取，对于天津市博物馆文化资源的功能、材料、质地的转化和应用。

(3)意蕴诠释思维

意蕴诠释思维模式是指在表层外在认知新事物后,对其所蕴含的情感、意义进行更加深入的理解和感悟。天津市博物馆国际性文化输出中文创产品的开发设计中对于意蕴诠释思维模式的运用,具体来说就是将天津市博物馆文化资源的深层文化意义透过造型、符号等方式予以诠释和传达,使目的输出国家社会公众达到情感上的理解、共鸣,从而使天津市博物馆文创产品实现其与目的输出国家社会公众信息沟通和情感交流的媒介和桥梁作用。天津市博物馆国际性文化输出中文创产品的开发设计中对于意蕴诠释思维模式的实际应用方式主要体现在对于天津市博物馆文化资源的深层文化意蕴、文化联想意义的诠释和转化,比如:对于天津市博物馆文化资源所蕴含的特殊的文化意义的阐释和传达、对于天津市博物馆文化资源背后的相关历史典故、神话传说的叙述、对于天津市博物馆文化资源所富含的情感因素的展现和表达。

三 天津市博物馆文创产品开发实践

1.《一片冰心在玉壶——跨越时空的经典》立体书

《一片冰心在玉壶——跨越时空的经典》是一本立体卡通书,是以天津博物馆藏品——乾隆时期的珐琅彩芍药雉鸡图玉壶春瓶为"主角"进行开发设计的文创产品。这本十多页的立体书籍,是针对青少年而开发,以立体的形式讲述这个国宝藏品的故事以及历史背景。这也是天津博物馆出版物中第一本立体书。

2. 太保鼎的卡通形象

太保鼎的卡通形象是天津博物馆的招牌文创产品。专业设计人员对馆藏文物太保鼎进行深入研究和了解，将其形象拟人化，设计出太保鼎卡通形象。太保鼎被赋予了人所具备的正直品性和温文尔雅的气质，服装样式则配合人物性格选取交领样式，服装颜色则运用相对淡雅沉稳的色调以凸显人物性格，同时配以佩剑以示该角色文武双全。因出土年份相对较早，所以相对于同系列其他角色更为年长，披散的白发和长袍更能彰显角色地位和气质。角色外袍的花纹取自鼎腹的蕉叶纹，这是一个内涵丰富而萌萌哒的可爱形象，符合现代年轻人的审美观。

目前太保鼎卡通形象系列涵盖了线上及线下多种类多元素的文创商品，涉及 24 种微信动态表情包、便签本、冰箱贴、钥匙链、笔、行李牌、mini 即时贴、金属书签、手机壳、环保收纳袋、环保帆布包、抱枕、充电宝、U 盘、马克杯、手账胶带纸、甜点等家居、旅游、食品、学习用品。①

3.《天博日历》

《天博日历公历二〇二〇年》选取天津博物馆馆藏吉祥主题类文物，分“福”“禄”“寿”“喜”四个主题分别对应四个季度，展现文物所传递的吉祥寓意。文物甄选上除反映馆藏特色的绘画、瓷器、玉器外，也有杨柳青年画、泥塑、剪纸等贴近百姓生活的民间艺术作品且尽可能地选择应时应景的文物。中国传统节日和二十四节

---

① 附录 9：天津市博物馆文创产品案例。

气,均采用碑拓集字。希冀透物见人,使读者了解古人的审美观念与对美好生活的向往与追求,获取更多中国古代文化的丰富内涵。

每翻开一页,你都能遇见一个“新朋友”,走进一段珍贵的历史时光。

《天博日历》还可以搭配天博书签使用,把书签夹在日历中,方便翻到你需要的那一天。打开“天博日历”,不光可以认识文物、了解历史,还可以书写回忆、留住时光,享受每天都能学到新知识的快乐读一件文物,感受一段历史,留住一段岁月。[①]

① 附录9:天津市博物馆文创产品案例。

附录 1:故宫博物院国际交流展一览表(2000 年 1 月至 2016 年 6 月)

日期	展览标题	交流类型	展览类型	国别/地区	展览规模/展品数量	展览背景	赞助来源	展期和地点	展览特色
2016 年 4 月 16 日	玲珑万象——来自美国的俄罗斯皇家法贝热装饰艺术展	引进	文物	美国	234 件(组)	故宫博物院、美国弗吉尼亚美术馆联合举办	/	三个月 故宫	通过沙皇的礼物、美轮美奂的装饰艺术、日常的奢华、信仰的力量四部分系统展示了法贝热珠宝卓越的理念与工艺
2016 年 3 月 18 日	海棠依旧——两岸三院同人书画交流展	引进	文物	中国台湾	122 件(套)	北京故宫博物院院,台北故宫,南京博物院	/	一个月 故宫	传承与弘扬华夏源远流长、博大精深的书画艺术文化,增进两岸三院同根同源的文化认知,加强交流互动,展现三院同人书画艺术作品的精神与风采

续表

日期	展览标题	交流类型	展览类型	国别/地区	展览规模/展品数量	展览背景	赞助来源	展期和地点	展览特色
2014年3月5日	“紫垣撷珍——故宫博物院藏明清宫廷生活文物展”	输出	主题展（明清宫廷生活）	加拿大	414件	2013—2014年加拿大中国文化年	香港何鸿毅家族基金会	九个月： 皇家安大略博物馆（六个月）； 温哥华（三个月）	展厅环境的营造与烘托（播放视频片、投影光影）； 制作了展品模型以供盲人抚摸； 相关知识讲座
2014年10月18日	紫禁城——北京故宫博物院皇家珍品展	输出	主题展（皇家）	美国	/	与弗吉尼亚美术馆联合举办	/	三个月	明清帝后的生活
2013年4月25日	“印度宫廷的辉煌——英国国立维多利亚与艾伯特博物馆珍藏展”	引进	主题展（印度王权文化）	英国	113件(套)	英国国立维多利亚与艾伯特博物馆	/	2013.4.25—7.31（三个月） 故宫	展示18至19世纪丰富多彩的印度王权文化
2012年3月	“山川菁英——中国与墨西哥古代玉石文明展”	联展（输出+引进）	文物专题展（玉石）	墨西哥	各100件（套）	建交40周年与墨西哥国家人类学与历史局共同举办	/	2012年3月—6月（四个月）墨西哥人类学博物馆； 2012年8月16日—11月11日（三个月）故宫博物院	以文化板块及文化对比的方式，全面展示历史和文化内涵； 玉文化比较研究

续表

日期	展览标题	交流类型	展览类型	国别/地区	展览规模/展品数量	展览背景	赞助来源	展期和地点	展览特色
2012年1月2日	“国宝观澜——故宫博物院文物精华展”	输出	专题+主题（各类馆藏文物精品+清朝宫廷文化）	日本	254件（套）	中日邦交正常化40周年	/	东京国立博物馆	/
2011年9月28日	“重扉轻启——明清宫廷生活文物展览”	输出	主题展（清朝宫廷生活）	法国	155件	“故宫博物院与卢浮宫博物馆2011—2015年合作协议”重要内容之一； 作为昔日皇（王）宫，而后又都转变为博物馆，紫禁城与卢浮宫的共同命运	/	2011年9月26日—2012年1月9日（三个月） 卢浮宫博物馆	政务篇；艺术篇；晏居篇；建筑篇

续表

日期	展览标题	交流类型	展览类型	国别/地区	展览规模/展品数量	展览背景	赞助来源	展期和地点	展览特色
2009年10月7日	“雍正——清世宗文物大展”	借展	主题展（雍正皇帝其人、其事及其朝代）	中国台湾	37件	两岸故宫交流合作	/	2009年10月7日—2010年1月10日（三个月）台北故宫	大量采用雍正朝朱批奏折、画像、器物等实物，努力尝试还原他真实形象
2009年9月6日	“卡地亚珍宝艺术展”	引进	专题展（饰品）	法国	346件	与卡地亚联合举办商业	卡地亚	2009年9月6日—2009年11月22日（三个月）故宫	展示欧洲本土艺术风格；展示中国文化及世界各地艺术风格对欧洲艺术的浸润和影响
2009年4月7日	“白鹰之光——萨克森一波兰宫廷文物精品展”	引进	主题展（萨克森历史及宫廷生活）	德国		德国德累斯顿国家艺术收藏馆	/	2009年4月8日—7月8日（三个月）故宫	展出17至18世纪萨克森宫廷收藏和使用过的各类文物精品，从多角度展示萨克森历史及宫廷生活的各个方面，借此了解德意志17、18世纪的历史与文化

续表

日期	展览标题	交流类型	展览类型	国别/地区	展览规模/展品数量	展览背景	赞助来源	展期和地点	展览特色
2008年3月29日	“紫禁城写真展”	参展	主题展（紫禁城）	日本	19件组	/	/	2008年3月29日—4月27日（一个月） 东京都写真美术馆	/
2008年4月4日	“卢浮宫拿破仑一世展”	引进	主题展（拿破仑）	法国	100件套	/	/	2008年4月4日—7月4日（三个月） 故宫	/
2008年5月3日	“大三国志展”	参展	主题展（三国）	日本	18件组	/	/	2008年5月3日—2009年2月1日（九个月） 巡回地点：东京富士美术馆、北海道立旭川美术馆、关西国际文化会馆、福冈美术馆、香川县历史博物馆、名古屋松阪屋美术馆	/

续表

日期	展览标题	交流类型	展览类型	国别/地区	展览规模/展品数量	展览背景	赞助来源	展期和地点	展览特色
2008年6月	“故宫宫廷文物展”(第十一期)	输出	主题展(宫廷)	日本	60件组	/	/	2008年6月—2010年5月(两年)长崎孔子庙中国历代博物馆	/
2008年6月27日	“明代宫廷艺术展”	参展	主题展(明代宫廷艺术)	美国	65件组	/	/	2008年6月27日—9月21日(三个月)旧金山亚洲艺术博物馆; 2008年10月26日—2009年1月11日(两个半月)印第安纳波利斯艺术博物馆; 2009年2月18日—5月17日(三个月)圣路易斯艺术博物馆	/

续表

日期	展览标题	交流类型	展览类型	国别/地区	展览规模/展品数量	展览背景	赞助来源	展期和地点	展览特色
2008年7月15日	“翰墨千秋——北京故宫藏历代书法大展”	输出	文物专题展（书法）	日本	展品65件组	/	/	2008年7月15日—9月15日（两个月） 江户东京博物馆	/
2008年7月16日	“中国马文化展”	参展	主题展（马文化）	中国香港	展品1件	/	/	2008年7月16日—10月13日（三个月） 香港历史博物馆	/
2008年9月5日	“修饰与完美的艺术——装潢展”	参展	主题展（装潢）	韩国	展品11件组	/	/	2008年9月5日—11月2日（两个月） 国立古宫博物馆	/
2008年9月9日	“王翚艺术展”	参展	文物专题展（王翚）	美国	展品4件	/	/	2008年9月9日—2009年1月4日（四个月） 约大都会艺术博物馆	/

续表

日期	展览标题	交流类型	展览类型	国别/地区	展览规模/展品数量	展览背景	赞助来源	展期和地点	展览特色
2008年10月11日	“金龙白鹰——清廷与萨克森-波兰宫廷的艺术与权力展”	联展/合展	主题展（宫廷艺术与权力）	德国	120件组	/	/	2008年10月11日—2009年1月11日（三个月） 德累斯顿艺术收藏馆	/
2008年10月20日	“地毯展”	参展	文物专题展（地毯）	日本	2件	/	/	2008年10月20日—2009年1月18日（三个月） 佐贺县锅岛缎通吉岛家美术馆	/
2008年10月29日	“陶铸古今——饶宗颐学术·艺术展”	引进	文物专题展（陶器）		53件套	/	/	2008年10月29日—11月12日（半个月） 故宫	/

续表

日期	展览标题	交流类型	展览类型	国别/地区	展览规模/展品数量	展览背景	赞助来源	展期和地点	展览特色
2008年11月1日	"故宫藏琉球时期文物展"	输出	主题展（琉球时期）	日本	91件组	/	/	2008年11月1日—2009年12月21日（一年）冲绳县立博物馆	/
2008年11月27日	"'2008中国'中日写真文化交流展"	引进	主题展（中日文化交流）	日本		/	/	2008年11月27日—12月7日（半个月）故宫	/
2008年12月12日	"钧乐天听——故宫珍藏戏曲文物特展"	输出	主题展（戏曲）	中国澳门	178件组	/	/	2008年12月12日—2009年3月15日（三个月）澳门艺术博物馆	/
2007年12月14日	"天下家国——以物见史故宫专题文物特展"	输出	文物专题展	中国澳门	120件	/	/	2007年12月14日—2008年3月16日（三个月）澳门艺术馆	/

续表

日期	展览标题	交流类型	展览类型	国别/地区	展览规模/展品数量	展览背景	赞助来源	展期和地点	展览特色
2007年11月20日	“皇家韵致展”	输出	主题展（皇家）	意大利	120件套	/	/	2007年11月20日—2008年3月20日（四个月） 科尔索博物馆	/
2007年09月29日	“西班牙骑士文化与艺术——马德里皇家博物馆珍品展”	引进	主题展（骑士文化）	西班牙	150件	中国2007西班牙文化年 西班牙马德里皇家武器博物馆	/	2007年9月29日—2008年1月6日（三个月） 故宫	展现“骑士文化”在西班牙历史发展过程中的作用，了解15世纪到20世纪间西班牙的历史片段，看到西班牙贵重武器在装饰、种类和功能上的演变过程； 对西班牙历史产生兴趣，在解读西班牙过去的同时，认识西班牙的现在，感受来自西班牙的异域风情

续表

日期	展览标题	交流类型	展览类型	国别/地区	展览规模/展品数量	展览背景	赞助来源	展期和地点	展览特色
2007年8月30日	“晶莹的世界——故宫藏中国古代玉器展”	输出	文物专题展（玉器）	澳大利亚	展品120套	/	/	2007年8月30日—11月11日（两个半月） 新南威尔士艺术博物馆	/
2007年06月29日	“国之重宝——故宫博物院藏晋唐宋元书画展”	输出	文物专题展（书画）	中国香港	32帧	庆祝香港回归10周年	/	6月29日—8月11日（一个半月）（将32帧历代书画珍品分2期展出：6月29日至7月22日展出16帧；7月23日至8月11日展出另外16帧） 香港艺术馆	看到民族精神与文化传统的血脉，触摸历史的纵深，增强民族自豪感和凝聚力

续表

日期	展览标题	交流类型	展览类型	国别/地区	展览规模/展品数量	展览背景	赞助来源	展期和地点	展览特色
2007年06月27日	“中国·比利时绘画500年”	联展（引进）	文物专题展（绘画）	比利时	比利时76件+中国98件	国家级文化合作项目“中比文化之春”的重要节目 布鲁塞尔美术宫	/	2007年6月27日—9月5日（两个月） 故宫	以对话的形式举办时间跨度在500年以上的东、西方绘画的比较性展览（两个展场+一个长廊“中比文化长廊”）； 首次以中、外双策展人的形式策划的国际性大型文物展览； 举办学术报告会； 出版大型画册
2007年6月24日	赴“环绕地球16—17世纪的葡萄牙与世界展”	参展	主题展（葡萄牙与世界）	美国	4件	/	/	2007年6月24日—9月16日（两个半月） 美国塞克勒美术馆	/

续表

日期	展览标题	交流类型	展览类型	国别/地区	展览规模/展品数量	展览背景	赞助来源	展期和地点	展览特色
2007年5月9日	“龙展”	参展	主题展（龙）	加拿大	5件套	/	/	2007年5月9日—9月16日(四个月) 魁北克文明博物馆	/
2007年4月26日	“宇宙心印——刘国松绘画一甲子”	引进	文物专题展（绘画）	中国台湾	61件	/	/	2007年4月26日—5月26日（一个月） 故宫	/
2007年03月27日	“故宫博物院藏珍品展”	输出	文物专题展（宫廷文物）	俄罗斯	74件	“中国年”	俄罗斯对外经济银行行长、中国国家开发银行	2007年3月26日—6月3日(两个月) 克里姆林宫	围绕17至18世纪中国宫廷生活，展现中国古代辉煌灿烂的历史与文化
2007年3月22日	“中国长城展”	参展	主题展（长城）	澳大利亚	展品15件套	/	/	2007年3月22日—7月22日（四个月） 墨尔本博物馆	/

续表

日期	展览标题	交流类型	展览类型	国别/地区	展览规模/展品数量	展览背景	赞助来源	展期和地点	展览特色
2007年03月10日	“英国与世界——1714—1830”	引进	主题展（英国历史）	英国	183件套	作为故宫博物院与大英博物馆签署长期全面合作协议后，英方首次来华的展览	赞助单位：何鸿毅家族基金主席 协办单位：中国航空集团公司地面运输 承办单位：华协国际珍品货运服务有限公司	2007年3月10日—6月10日（三个月） 故宫	对英国在1714—1830年间逐渐从一个岛国走向世界的历史有所了解
2007年3月7日	“北京故宫博物院——清朝末期宫廷艺术与文化”	输出（巡回展）	主题展（清宫廷艺术与文化）	日本	120件套	/	/	2007年3月7日—10月21日（八个月） 巡回地点：长崎县立文化历史博物馆、JR京都伊势丹美术馆、日本前桥文化会馆、大分县立艺术会馆、东京都日本	/

续表

日期	展览标题	交流类型	展览类型	国别/地区	展览规模/展品数量	展览背景	赞助来源	展期和地点	展览特色
								桥高岛屋美术馆、FKD美术馆宇都宫店、广岛县立美术馆	
2006年09月28日	“克里姆林宫珍品展”	引进	主题展（16—20世纪初的俄罗斯宫廷生活）	俄罗斯	200件	“俄罗斯年”	中国国家开发银行和俄罗斯对外经济银行	2006年9月28日—2007年1月8日（三个月） 故宫	浓缩了俄罗斯沙皇宫廷生活的富贵和奢华
2006年4月28日	“永恒的明式家具——侣明室收藏展”	引进	文物专题展（家具）	比利时	79件套	/	/	2006年4月28日—6月15日（两个半月） 故宫	/
2006年4月12日	“皇家音乐机械展”	参展	主题展（皇家音乐机械）	荷兰	1件	/	/	2006年4月12日—7月30日（三个半月） 荷兰国家自动音乐博物馆	/

续表

日期	展览标题	交流类型	展览类型	国别/地区	展览规模/展品数量	展览背景	赞助来源	展期和地点	展览特色
2006年4月22日	“中华妇女服饰展”	参展	主题展（中华妇女服饰）	美国	10件组	/	/	2006年4月22日—5月21日（一个月） 毕士博博物馆	/
2006年4月27日	“地毯展”	参展	文物专题展（地毯）	日本	两期4件	/	/	2006年4月27日—6月25日（1期）（两个月）佐贺县吉岛家地毯博物 2006年11月3日—2007年1月28日（2期）（三个月）佐贺县吉岛家地毯博物馆	/

续表

日期	展览标题	交流类型	展览类型	国别/地区	展览规模/展品数量	展览背景	赞助来源	展期和地点	展览特色
2006年6月	第10期“故宫宫廷文物展——清代皇室的信仰”	输出	主题展（清代皇室的信仰）	日本	36件组	/	/	2006年6月—2007年5月（一年） 长崎孔子庙中国历代博物馆	/
2006年9月8日	“乾坤清气——故宫、上海博物馆珍藏青藤白阳书画特展”	合展	文物专题展（书画）	中国澳门	60件组	/	/	2006年9月8日—11月19日（两个月） 澳门艺术博物馆	/
2006年9月28日	“中国长城展”	参展	主题展（长城）	澳大利亚	15件组	/	/	2006年9月28日—2007年2月19日（五个月） 澳大利亚动力博物馆	/
2006年10月4日	“中国之梦展”	合展	主题展（中国之梦）	丹麦	120件套	/	/	2006年10月4日—12月5日（两个月） 丹麦克里斯钦堡宫殿	/

续表

日期	展览标题	交流类型	展览类型	国别/地区	展览规模/展品数量	展览背景	赞助来源	展期和地点	展览特色
2006年12月15日	“永乐文渊——清代宫廷典籍文化艺术特展”	输出	主题展（清代宫廷典籍文化艺术）	中国澳门	120件组	/	/	2006年12月15日—2007年3月18日（三个月） 澳门艺术博物馆	/
2006年4月5日	“龙展”	参展	主题展（龙）	法国	3件	/	/	2006年4月5日—11月6日（七个月） 法国自然历史博物馆	/
2006年1月21日	“北京故宫博物院展——清朝末期宫廷艺术与文化”	输出（巡回展）	主题展（清末宫廷）	日本	120件组	/	/	2006年1月21日—12月19日（十一个月） 巡回地点：长崎县立文化历史博物馆、JR京都伊势丹美术馆、前桥文化会馆、大分县立艺术会馆、东京	/

续表

日期	展览标题	交流类型	展览类型	国别/地区	展览规模/展品数量	展览背景	赞助来源	展期和地点	展览特色
								都日本桥高岛屋美术馆、宇都宫市FKD美术馆、广岛县立美术馆	
2005年05月01日	“太阳王路易十四——法国凡尔赛宫珍品特展”	联展(引进)	主题展〔法国路易十四时期(1661—1715年)的历史、文化和艺术〕	法国	100件套(84件套凡尔赛宫+16件套故宫博物院)	中法文化年	/	2005年5月1日—7月31日(三个月) 故宫	凡尔赛宫珍藏的反映路易十四政务、生活等情况的文物精品; 故宫博物院收藏的康熙时期的科学仪器类文物,是由当时的法国传教士带来的或是由清宫廷仿制的; 集现代化与传统精粹于一体的高科技展厅,展厅中使用钢化玻璃结构组成封闭的展示空间

续表

日期	展览标题	交流类型	展览类型	国别/地区	展览规模/展品数量	展览背景	赞助来源	展期和地点	展览特色
2005年9月26日	“瑞典藏中国陶瓷展”	引进	文物专题展（中国陶瓷）	瑞典	165件套	/	/	2005年9月26日—12月26日（三个月） 故宫	/
2005年4月17日	“龙展”	参展	主题展（龙）	法国	7件	/	/	2005年4月17日—2006年10月30日（一年半） 摩泽尔省马勒普鲁克城堡	/
2005年4月23日	“青瓷的形与色展”	参展	文物专题展（青瓷）	韩国	40件套	/	/	2005年4月23日—6月19日（两个月）	/
2005年9月2日	“董其昌诞辰四百五十周年书画特展”	参展	文物专题展（书画）	中国澳门	60件	/	/	2005年9月2日—11月20日（三个月） 澳门艺术博物馆	/

续表

日期	展览标题	交流类型	展览类型	国别/地区	展览规模/展品数量	展览背景	赞助来源	展期和地点	展览特色
2005年11月12日	“盛世华章展”	输出	文物专题展（图章?）	英国	225件	/	/	2005年11月12日—2006年4月17日（五个月）英国皇家艺术学院	/
2005年12月17日	“邃古来今——庆祝故宫博物院成立八十周年清宫仿古文物精品展”	输出	文物专题展（仿古文物）	中国澳门	120套	/	/	2005年12月17日—2006年3月19日（三个月）澳门艺术博物馆	/
2004年12月01日	“日升月恒——故宫珍藏钟表文物展”	输出	文物专题展（钟表）	中国澳门	120件套	/	/	2004年12月1日至2005年3月20日（四个月）澳门艺术博物馆	/
2004年11月	“傅抱石百年纪念展”	参展	主题展（傅抱石）	中国台湾	15件	/	/	2004年11月—2005年2月（三个月）台北国父纪念馆	/

续表

日期	展览标题	交流类型	展览类型	国别/地区	展览规模/展品数量	展览背景	赞助来源	展期和地点	展览特色
2004年11月13日	"翡翠展"	参展	文物专题展（翡翠）	日本	44件套	/	/	2004年11月13日—2005年2月13日（三个月） 东京国立科学博物馆	/
2004年9月23日	"相逢——亚细亚遇欧罗巴展"	参展	主题展（亚欧文化）	英国	7件	/	/	2004年9月23日—12月5日（两个月） 英国维多利亚与阿尔伯特博物馆	/
2004年09月01日	"至人无法——故宫、上博珍藏八大山人、石涛书画精品展"	参展	文物专题展（书画）	中国澳门	60件套	/	/	2004年9月3日—2004年11月21日（三个月） 澳门艺术博物馆	/
2004年8月20日	"故宫博物院藏冲绳文物展"	输出	主题展（院藏冲绳文物）	日本	72件套	/	/	2004年8月20日—9月30日（一个月） 冲绳县那霸市民艺术厅	/

续表

日期	展览标题	交流类型	展览类型	国别/地区	展览规模/展品数量	展览背景	赞助来源	展期和地点	展览特色
2004年6月	“故宫宫廷文物展第九期”	输出	主题展（宫廷文物）	日本	42件套	/	/	2004年6月—2006年5月(1年) 长崎孔子庙中国历代博物馆	/
2004年05月25日	“亚马孙——原生传统展”	引进	主题展（亚马孙土著文化）	巴西	344件	中巴建交30周年	巴西航空工业公司、巴西淡水河谷公司	2004年5月25日—8月24日（三个月） 故宫	展示亚马孙土著居民在与大自然共处中所形成的独特文化传统
2004年03月30日	“神圣的山峰展”	参展	文物专题展（绘画）	法国	39件套	/	/	2004年3月30日—6月28日（三个月） 巴黎大宫殿博物馆/法国大宫博物馆	/
2004年03月12日	“乾隆大帝展”/“乾隆大展”	输出	主题展（乾隆）	美国	120件套	/	/	2004年3月12日—9月19日（六个月） 芝加哥富地博物馆	/

续表

日期	展览标题	交流类型	展览类型	国别/地区	展览规模/展品数量	展览背景	赞助来源	展期和地点	展览特色
2004年01月27日	“康熙大帝展”/“康熙时期艺术展”	输出	主题展（康熙时期艺术）	法国	116件套	/	/	2004年1月24日—5月31日（四个月） 凡尔赛宫博物馆	/
2003年10月23日	“宫田雅之刀势画展”	引进	文物专题展（绘画）	日本	111件	/	/	2003年10月23日—10月27日（一周） 故宫	/
2003年10月31日	“周澄书画篆刻展”	引进	文物专题展（书画篆刻）	中国台湾	110件	/	/	2003年10月31日—11月6日（一周） 故宫	/
2002年6月	日本“故宫宫廷文物展”	输出（常设展览）	主题展（宫廷文物）	日本	42件套	/	/	2002年6月—2004年5月（两年） 长崎孔子庙中国历代博物馆	/

续表

日期	展览标题	交流类型	展览类型	国别/地区	展览规模/展品数量	展览背景	赞助来源	展期和地点	展览特色
2002年12月16日	“怀抱古今——乾隆皇帝的文化生活艺术展”	输出	主题展（乾隆皇帝的文化生活艺术）	中国澳门	110件套	/	/	2002年12月16日—2003年3月17日（三个月） 澳门艺术博物馆	/
2003年1月9日	“故宫博物院秘藏名宝展”	输出	文物专题展（院藏文物）	日本	120件套	/	/	2003年1月9日—2月9日（一个月） 岩手县民会馆	/
2003年2月20日	“来自东方的至尊——紫禁城帝后生活文物展”	输出	主题展（帝后生活）	巴西	119件套	/	/	2003年2月20日—5月18日（三个月） 圣保罗奥卡展览馆	/
2003年2月23日	“康雍乾盛代精华展”	输出	主题展（康雍乾盛代）	中国台湾	120件套	/	/	2003年2月23日—4月20日（两个月）高雄市立美术馆；	/

续表

日期	展览标题	交流类型	展览类型	国别/地区	展览规模/展品数量	展览背景	赞助来源	展期和地点	展览特色
								2003年6月28日—8月17日（一个半月）台北中山纪念馆 2003年4月26日—6月22日（两个月）台中港区艺术中心；	
2003年4月3日	“故宫博物院藏文物展”	输出	文物专题展（院藏文物）	日本	110件套	/	/	2003年4月3日—4月21日（19天）丸井金井百货公司美术馆； 2003年5月1日—5月18日（18天）新潟大和百货公司美术馆； 2003年6月14日—7月13日（一个月）金泽石川县立博物馆；	/

续表

日期	展览标题	交流类型	展览类型	国别/地区	展览规模/展品数量	展览背景	赞助来源	展期和地点	展览特色
								2003年7月24日—8月31日（一个月）鹿儿岛县立黎明馆；2003年10月15日—10月28日（两周）宇都宫福田屋百货公司美术馆	
2003年12月	“妙谛心传——故宫珍藏藏传佛教文物展”	输出	主题展（藏传佛教）	中国澳门	120件套	/	/	2003年12月13日—2004年3月14日（三个月）澳门艺术博物馆	/
2002年5月23日	“比利时尤伦斯夫妇藏中国书画展”	引进	文物专题展（书画收藏）	比利时	55件	/	比利时国际艺术世界公司总裁	2002年5月18日—6月3日（半个月）故宫	/

续表

日期	展览标题	交流类型	展览类型	国别/地区	展览规模/展品数量	展览背景	赞助来源	展期和地点	展览特色
2002年2月	“海过波澜——清代宫廷西洋传教士画师绘画流派精品展”	输出	文物专题展（绘画）	中国澳门	92件套	/	/	/	/
2002年	“北京故宫博物院秘藏名宝展”	输出（巡回展览）	文物专题展（院藏文物）	日本	120件套	/	/	/	/
2002年	“紫禁城文物展”	输出	主题展（紫禁城文物）	美国	120件套	/	/	/	/
2002年	“黄金的辉煌展”	输出	主题展（黄金）	日本	120件套	/	/	/	/

续表

日期	展览标题	交流类型	展览类型	国别/地区	展览规模/展品数量	展览背景	赞助来源	展期和地点	展览特色
2002 年	“故宫宫廷文物展”	输出	主题展（宫廷文物）	日本	42 件	/	/	长崎孔子庙中国历代博物馆	/
2002 年	“乾隆皇帝与清代宫廷艺术展”	输出	主题展（乾隆宫廷艺术）	英国	78 件套	/	/	苏格兰皇家博物馆	/
2002 年	“怀抱古今——乾隆皇帝文化生活艺术特展”	输出	主题展（乾隆文化生活艺术）	中国澳门	110 件套	/	/	/	/
2001 年	“黄金秘宝展”	输出	文物专题展（黄金）	日本	/	/	/	/	/
2001 年	“元明清名陶百选展”	输出	文物专题展（陶器）	日本	100 件	/	/	/	/
2001 年	“故宫宫廷文物展”	输出	主题展（宫廷文物）	日本	/	/	/	/	/

续表

日期	展览标题	交流类型	展览类型	国别/地区	展览规模/展品数量	展览背景	赞助来源	展期和地点	展览特色
2001 年	“紫禁城文物展”	输出	主题展（紫禁城文物）	美国	/	/	/	/	/
2001 年	“清宫筵宴展”	输出	主题展（清宫筵宴）	中国香港	/	/	/	/	/
2001 年	“金相玉质展”	输出	文物专题展（清代宫廷包装艺术）	中国澳门	/	/	/	/	/
2001 年	“海国波澜——清代宫廷西洋传教士画师绘画传承精品展”	输出	文物专题展（绘画）	中国澳门	/	/	/	/	/
2001 年	“世界陶瓷文明展”	参展	文物专题展（陶瓷）	韩国	/	/	/	/	/

续表

日期	展览标题	交流类型	展览类型	国别/地区	展览规模/展品数量	展览背景	赞助来源	展期和地点	展览特色
2001年	"东北亚陶瓷交流展"	参展	文物专题展（陶瓷）	韩国	/	/	/	/	/
2000年	"中日泰书画作品展"	联展	/	/	/	/	/	/	/
2000年	"中日兰亭会书画展"	联展	/	/	/	/	/	/	/
2000年	"书法的变革"	输出	主题展（书法）	中国台湾	/	/	/	/	/
2000年	"紫禁城文物展"	输出	主题展（紫禁城文物）	美国	/	/	/	/	/
2000年	"故宫宫廷文物展"	输出	主题展（宫廷文物）	日本	/	/	/	/	/

续表

日期	展览标题	交流类型	展览类型	国别/地区	展览规模/展品数量	展览背景	赞助来源	展期和地点	展览特色
2000 年	“黄金秘宝展”	输出	主题展（黄金）	日本	/	/	/	/	/
2000 年	“清宫筵宴展”	输出	主题展（清宫筵宴）	中国香港	/	/	/	/	/
2000 年	“金相玉质——清代宫廷包装艺术展”	输出	主题展（清代宫廷包装艺术）	中国澳门	/	/	/	/	/

附录 2:中国国家博物馆国际交流展一览表(2010 年 1 月至 2016 年 6 月)

2010 年 1 月到 2016 年 6 月国际交流大展(引进展 22 个)

序号	展览日期	展览名称	国家/地区	展览主题
1	2016/1/29 — 2016/5/8	罗马尼亚珍宝	罗马尼亚	罗马尼亚文明
2	2015/11/21 — 2016/1/2	博特罗在中国——费尔南多·博特罗作品展	哥伦比亚	绘画、雕塑
3	2015/6/30 — 8/18	生命之绘——迪士尼经典动画艺术展	美国	绘画
4	2015/4/24 — 7/26	伏尔加河回响——特列恰科夫画廊藏巡回画派精品	俄罗斯	绘画
5	2015/2/7 — 2015/5/10	来自肖邦故乡的珍宝:15 至 20 世纪的波兰艺术	波兰	波兰艺术
6	2014/11/28 — 2015/3/22	永远的思想者——罗丹雕塑回顾展	法国	雕塑
7	2014/11/14 — 2015/3/8	玛雅:美的语言	墨西哥	古代文明(玛雅文明)
8	2014/4/30 — 2015/3/1	罗马与巴洛克艺术	意大利	巴洛克艺术
9	2014/9/24 — 12/21	列夫·托尔斯泰与他的时代	俄罗斯	列夫·托尔斯泰
10	2014/4/12 — 6/15	名馆·名家·名作——纪念中法建交五十周年特展	法国	法国艺术
11	2014/2/28 — 4/27	毕加索:沃拉尔系列版画	西班牙	版画
12	2013/11/5 — 2014/2/15	鲁本斯、凡·戴克与佛兰德斯画派——列支敦士登王室珍藏展	列支敦士登	绘画
13	2013/10/29 — 2014/2/9	地中海文明——法国卢浮宫博物馆藏文物精品	法国	地中海文明

续表

序号	展览日期	展览名称	国家/地区	展览主题
14	2013/9/17 — 11—15	创建真实:人类情感大师威尔第	意大利	音乐
15	2013/6/18 — 8/16	面具·灵魂的艺术——法国凯·布朗利博物馆馆藏精品展	法国	面具
16	2013/2/1—5/9	道法自然——大都会艺术博物馆精品展	美国	“自然”艺术品
17	2012/7/6 — 2013/4/30	佛罗伦萨与文艺复兴:名家名作展	意大利	绘画
18	2012/10/31 — 2013/2/1	布莱恩·布瑞克:镜头里的中国和新西兰	新西兰	摄影
19	2012/10/31 — 2013/2/1	毛利碧玉:新西兰的传世珍宝	新西兰	玉器(毛利碧玉)
20	2012/6/22 — 2013/1/6	瓷之韵——大英博物馆、英国国立维多利亚与艾伯特博物馆藏瓷器精品展	英国	瓷器
21	2011/4/2 — 2012/3/31	启蒙的艺术	德国	启蒙时期艺术作品
22	2011/4/28 — 10/28	印加人的祖先——公元一至七世纪的古代秘鲁	秘鲁	古代文明(古代秘鲁)

附录3:上海博物馆国际交流展一览表
(2010年1月至2016年6月)

2010年至2016年7年间上海博物馆共引进展览11个。具体如下:

2016年:

"日本醍醐寺藏佛教文物展"(日本)

"中国与埃及——两个文明的源流"(德国)

2015年:

"俄罗斯沙皇军械展"(俄罗斯)

2013年:

"安纳托利亚文明:从新石器时代到奥斯曼帝国"展览(土耳其)

"从巴比松到印象派:克拉克艺术馆藏法国绘画精品展"(美国)

"刚果河——非洲中部雕刻艺术展"(法国)

2012年:

"宝光璀璨——法贝热珠宝艺术展"(俄罗斯)

2011年:

"亚历山大·佩里耶(1862—1936)风景画展"(瑞士)

"毛利人的世界——新西兰奥塔哥博物馆珍藏文物展"(新西兰)

2010年:

"北方之星:叶卡捷琳娜二世与俄罗斯帝国的黄金时代(俄罗

斯）

“意大利乌菲齐博物馆珍藏展：十五世纪—二十世纪”（意大利）

附录4:台北故宫博物院国际交流展一览表
(2010年1月至2016年6月)

引进展:

“另眼看世界——大英博物馆百品特展”(2014年12月13日—2015年3月15日)(英国,大英博物馆)

“双溪雅集——两岸三院同人书画交流展”(2014年9月17日—2014年11月9日)(中国,故宫博物院、台北故宫博物院、南京博物院)

“幸福大师——雷诺瓦与二十世纪绘画特展”(2013年5月25日—2013年9月8日)(日本,日本箱根POLA美术馆等)

“西方神话与传说——卢浮宫珍藏展”(2012年1月20日—2012年5月14日)(法国,卢浮宫博物馆)

“圣地西藏——最接近天空的宝藏”(2010年7月1日—2010年9月19日)(中国,西藏博物馆、布达拉宫、罗布林卡、扎什伦布寺)

输出展:

2016年:

“艺域漫游——郎世宁新媒体艺术展”(中国香港等多地)

2015年:

“艺域漫游——郎世宁新媒体艺术展”(意大利)

“同安·潮——新媒体艺术展”(中国香港)

2014年:

“台北故宫博物院——神品至宝——展”(日本)

2012 年：

“故宫数位画时代:过去与未来”(美国)

2010 年：

“2010 上海世博会·华夏百宝篇”(上海)

附录5：天津市博物馆资源调研网址一览表

序号	博物馆名称	资料来源网址
1	天津博物馆	http://www.tjbwg.com
2	周恩来邓颖超纪念馆	http://www.huaxia.com/jtzq/jmls/fjms/bwgqg/2009/03/1341005.html
3	天津自然博物馆	http://www.tjnhm.com
4	北疆博物院	http://bj.tjnhm.com
5	元明清天妃宫遗址博物馆	https://baike.baidu.com/item/元明清天妃宫遗址博物馆/3480178?fr=aladdin
6	天津美术馆	http://www.tjmsg.com
7	天津市民俗博物馆	https://baike.baidu.com/item/天津民俗博物馆/2967030?fr=aladdin
8	天津文庙博物馆	https://baike.baidu.com/item/天津文庙博物馆/3479685?fr=aladdin
9	天津戏剧博物馆	http://xjbwg.orgcc.com/about.html
10	李叔同故居纪念馆	https://baike.baidu.com/item/李叔同故居/1763137?fr=aladdin
11	杨柳青木版年画	https://baike.baidu.com/item/杨柳青木版年画/5525133
12	杨柳青木版年画博物馆	https://baike.baidu.com/item/天津杨柳青木版年画博物馆/10257230?fr=aladdin
13	泥人张彩塑	https://baike.baidu.com/item/泥人张彩塑/4182879?fr=aladdin
14	风筝魏风筝	https://baike.baidu.com/item/风筝魏风筝/3200449?fr=aladdin
15	天津“狗不理”包子	http://www.chinagoubuli.com
16	天津桂发祥十八街麻花	http://www.gfx.com.cn
17	隆顺榕	http://www.lsr.net.cn/index.html
18	达仁堂	http://www.darentang.com.cn

附录6:天津市非物质文化遗产项目统计图表

来源:天津“非遗”中心微信公众号

作者:天津市非物质文化遗产保护中心

创建时间:2019年04月15日

数据来源:天津市文化和旅游局非物质文化遗产处 天津市非物质文化遗产保护中心

非物质文化遗产是中华民族优秀文化传统的重要组成部分,近年来,在市委、市政府的领导下,天津市非物质文化遗产保护工作成效显著。目前,天津市国家级和市级非物质文化遗产代表项目分别为35项、250项,先后制定了《天津市非物质文化遗产保护专项资金管理办法》等一系列政策文件,归集了项目档案,建立了项目数据库,完成了非物质文化遗产代表性项目及传承人名录体系建设。2019年1月1日,《天津市非物质文化遗产保护条例》正式实施,标志着天津非遗保护工作进入了有法可依的新阶段。

下面我们按照公布批次、所属类别、保护单位分布,分别对天津市国家级非物质文化遗产代表性项目和天津市市级非物质文化遗产项目进行统计分析,同时对天津市区级非物质文化遗产项目进行数据汇总。详见下图:

天津市国家级非物质文化遗产代表性项目数据统计

（4 批共 35 项）

按公布批次

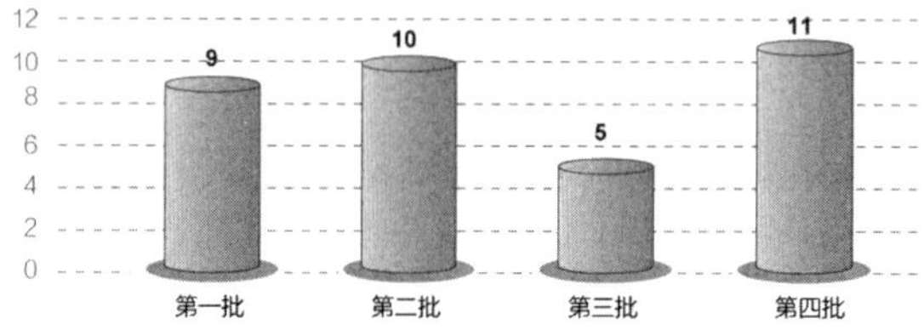

天津市国家级非物质文化遗产代表性项目批次统计图

按所属类别

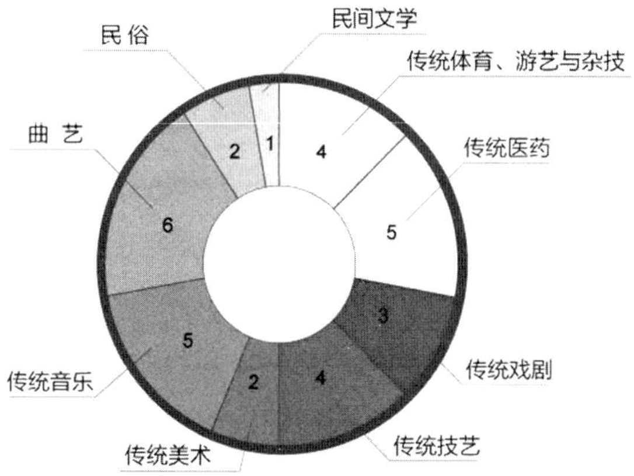

天津市国家级非物质文化遗产代表性项目类别统计图

天津市国家级非物质文化遗产代表性项目保护单位分布统计图

天津市市级非物质文化遗产项目数据统计

（4批共250项）

按公布批次

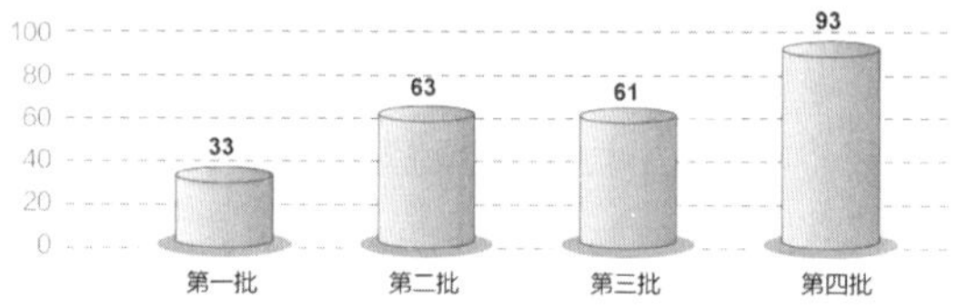

天津市市级非物质文化遗产项目批次统计图

按所属类别

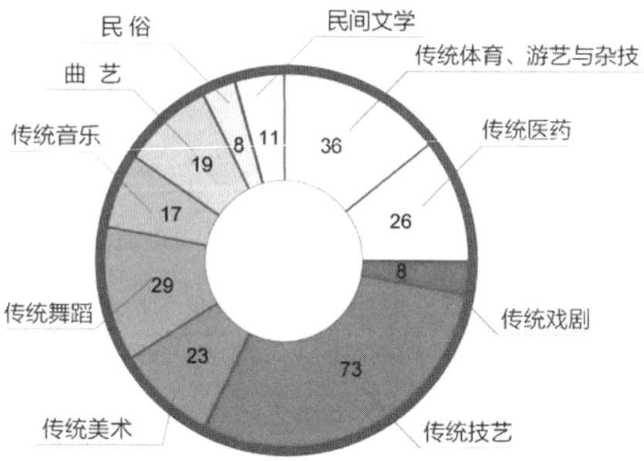

天津市市级非物质文化遗产项目类别统计图

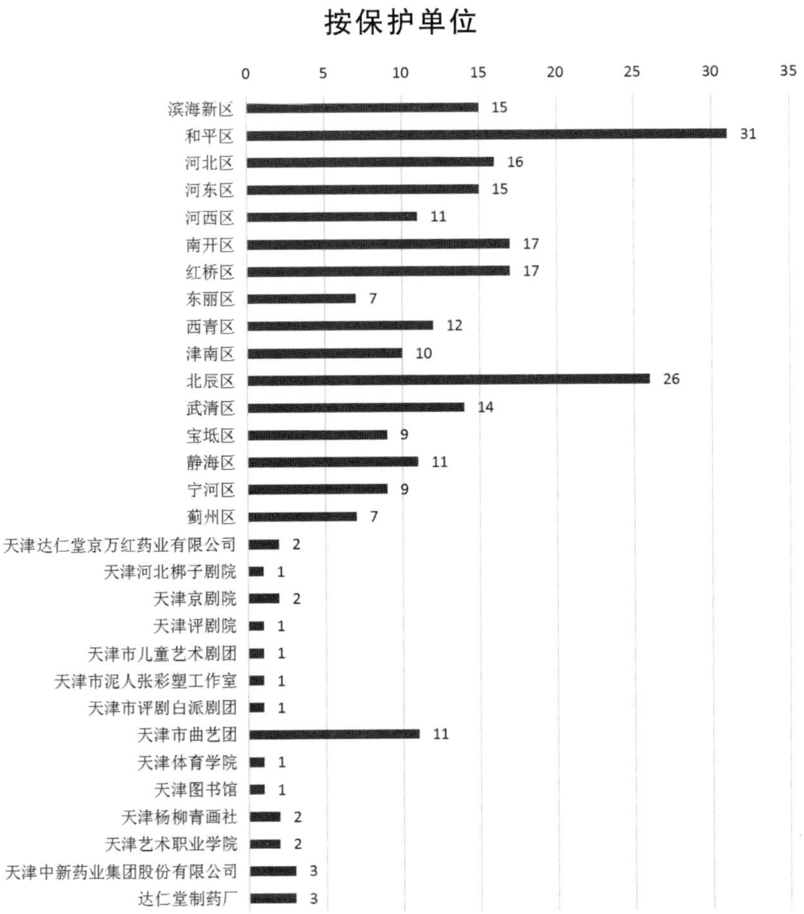

天津市市级非物质文化遗产项目保护单位分布统计图

天津市区级非物质文化遗产项目数据统计

（共 703 项）

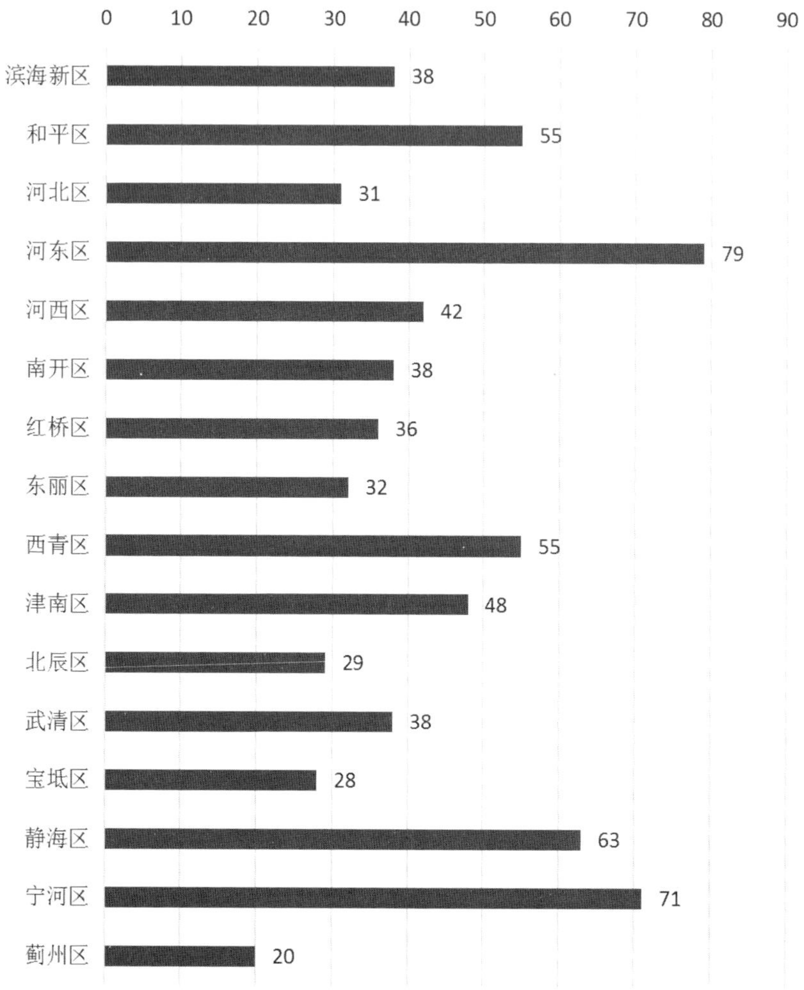

天津市区级非物质文化遗产项目保护单位分布统计图

天津市非物质文化遗产项目统计表(1—4批)

序号	项目名称	申报地区或单位	市级批次	国家级批次
一、民间文学(共计11项)				
1	排地歌谣	东丽区	第二批	
2	秦城歌谣	宝坻区	第二批	
3	盐母和盐母庙传说	滨海新区	第三批	
4	李半朝传说	宝坻区	第三批	
5	袁黄传说	宝坻区	第三批	
6	杨家将在静海的传说	静海区	第三批	
7	杨七郎墓的传说(国家级)	宁河区	第三批	第四批
8	张娘娘的传说	滨海新区	第四批	
9	三义屯雌雄兄弟传说	武清区	第四批	
10	燕子李三的传奇故事	蓟州区	第四批	
11	姜子牙的传说	静海区	第四批	
二、传统音乐(共计17项)				
12	汉沽飞镲(国家级)	滨海新区(汉沽)	第一批	第二批
13	刘园祥音法鼓(国家级)	北辰区	第一批	第二批
14	挂甲寺庆音法鼓(国家级)	河西区	第一批	第二批
15	杨家庄永音法鼓(国家级)	河西区	第一批	第二批
16	雷琴拉戏	天津市曲艺团	第一批	
17	小王庄民间吹打乐	滨海新区(大港)	第二批	
18	韩家墅上善道乐	北辰区	第二批	
19	北塘飞钹	滨海新区(塘沽)	第二批	
20	广陵琴派	河东区	第三批	
21	九嶷琴派	和平区	第三批	
22	霍家嘴平音法鼓	北辰区	第三批	
23	香塔音乐法鼓(国家级)	西青区	第三批	第四批
24	宜兴埠诚音法鼓	北辰区	第三批	
25	小站挠秧号子	津南区	第四批	

续表

序号	项目名称	申报地区或单位	市级批次	国家级批次
26	津门北韵禅乐	静海区	第四批	
27	黄花店梵呗音乐	武清区	第四批	
28	法鼓(善音法鼓)	河东区	第四批	
三、传统舞蹈(共计29项)				
29	河西务孝力高跷	武清区	第一批	
30	大沽龙灯	滨海新区(塘沽)	第一批	
31	海下文武高跷	津南区	第一批	
32	林亭口高腿子高跷	宝坻区	第一批	
33	虫八蜡庙小车会	北辰区	第一批	
34	西码头百忍京秧歌高跷	红桥区	第二批	
35	普乐虫八蜡庙高跷	红桥区	第二批	
36	堤头庆云高跷	河北区	第二批	
37	北塘丰登乐会高跷	滨海新区(塘沽)	第二批	
38	新袁长利高跷	东丽区	第二批	
39	海下同善文武高跷	津南区	第二批	
40	王秦庄同议高跷	北辰区	第二批	
41	上蒲口同乐高跷	北辰区	第二批	
42	宜兴埠永长高跷	北辰区	第二批	
43	东于庄同乐花鼓	河北区	第二批	
44	金狮大轿	河北区	第二批	
45	塘沽河头落子	滨海新区(塘沽)	第二批	
46	高王院莲花落	武清区	第二批	
47	寺各庄竹马会	武清区	第二批	
48	北仓随驾狮子	北辰区	第三批	
49	葛沽长乐老高跷	津南区	第三批	
50	回族武高跷(天安寺同乐高跷)	红桥区	第三批	
51	小关公议高跷	河北区	第三批	

续表

序号	项目名称	申报地区或单位	市级批次	国家级批次
52	车会(西柳行太平车会)	武清区	第三批	
53	瑞云图龙灯会	静海区	第四批	
54	杜吉素少林五虎棍	蓟州区	第四批	
55	高跷(李嘴同和高跷)	北辰区	第四批	
56	高跷(刘安庄同心高跷)	北辰区	第四批	
57	高跷(海下同乐高跷)	津南区	第四批	
四、传统戏剧(共计 8 项)				
58	天津京剧(国家级)	天津京剧院	第一批	第一批
59	河北梆子(卫派)(国家级)	天津河北梆子剧院	第一批	第二批
60	评剧(国家级)	天津评剧院、宝坻区/滨海新区(汉沽)、宁河区	第一批/第二批	第一批
61	宝坻皮影戏	宝坻区	第二批	
62	昆曲	河西区	第三批	
63	京剧(连台本戏)	南开区	第三批	
64	天津木偶戏	天津市儿童艺术剧团	第四批	
65	评剧	天津市评剧白派剧团	第四批	
五、曲艺(共计 5 项)				
66	骆派京韵大鼓(国家级)	天津市曲艺团	第一批	第二批
67	天津时调(国家级)	天津市曲艺团	第一批	第一批
68	相声(国家级)	天津市曲艺团	第一批	第二批
69	京东大鼓(国家级)	宝坻区	第一批	第一批
70	李派快板书	天津市曲艺团	第一批	
71	天津时调(大数子)	北辰区	第二批	
72	铁片大鼓	天津市曲艺团	第二批	
73	西河大鼓(国家级)	天津市曲艺团	第二批	第四批
74	梅花大鼓(国家级)	天津市曲艺团	第二批	第四批
75	单弦	天津市曲艺团	第三批	

续表

序号	项目名称	申报地区或单位	市级批次	国家级批次
76	含灯大鼓	天津市曲艺团	第三批	
77	河南坠子	天津艺术职业学院	第三批	
78	评书	和平区	第三批	
79	太平歌词	和平区	第三批	
80	王派快板	河北区、河西区	第四批	
81	天津快板	河东区	第四批	
82	京东大鼓	天津市曲艺团	第四批	
83	京韵大鼓(白派京韵大鼓)	天津艺术职业学院	第四批	
84	梅花大鼓(金派梅花大鼓)	南开区	第四批	
六、传统体育、游艺与杂技(共计36项)				
85	回族重刀武术	红桥区	第一批	
86	拦手门武术	河东区	第一批	
87	霍氏练手拳	西青区	第一批	
88	北仓少练老会	北辰区	第一批	
89	北少林武术	蓟州区	第一批	
90	竞技麻将	和平区	第二批	
91	无极拳	东丽区	第二批	
92	鲍式八极拳	北辰区	第二批	
93	李式太极拳(国家级)	武清区	第二批	第四批
94	毕式“一指禅”拿手推	和平区	第二批	
95	永良飞叉	武清区	第二批	
96	大六分村登杆圣会	静海区	第二批	
97	独流通背拳	静海区	第二批	
98	古典戏法(国家级)	和平区	第二批	第三批
99	功力门武术	红桥区	第三批	
100	傅式形意拳	宁河区	第三批	
101	太祖长拳	天津体育学院	第三批	

续表

序号	项目名称	申报地区或单位	市级批次	国家级批次
102	王秦庄少林功力拳	北辰区	第三批	
103	五行通臂拳	南开区、武清区	第三批	
104	赵堡太极拳	北辰区	第三批	
105	银炭导引养生功	红桥区	第三批	
106	穆氏传统戏法	北辰区	第三批	
107	回族重刀武术（群英武学社重刀武术）	南开区、河北区	第三批	
108	独流通背拳（永新二十四式通背拳）	北辰区	第三批	
109	闫街少林功夫拳	北辰区	第四批	
110	两翼猿拳	北辰区	第四批	
111	形意拳（刘快庄形意拳）	北辰区	第四批	
112	形意拳（天津传统形意拳）	河北区	第四批	
113	形意拳（宋派形意拳）	河东区	第四批	
114	穆氏花毽	北辰区	第四批	
115	乌鸡门武术	河北区	第四批	
116	子午蛇形掌	河东区	第四批	
117	八卦掌（程派高式八卦掌）	河西区	第四批	
118	八卦掌（高氏八卦掌）	武清区	第四批	
119	静海迷踪拳	静海区	第四批	
120	开合太极拳	西青区	第四批	
七、传统美术（共计 23 项）				
121	杨柳青木版年画（国家级）	天津杨柳青画社、西青区	第一批	第一批
122	东丰台木版年画	宁河区	第一批	
123	泥人张彩塑（国家级）	天津市泥人张彩塑工作室、南开区	第一批	第一批

续表

序号	项目名称	申报地区或单位	市级批次	国家级批次
124	杨柳青剪纸	西青区	第二批	
125	大郑剪纸	东丽区	第二批	
126	玉雕(津派玉雕)	红桥区	第三批	
127	脸谱(京剧舞台脸谱)	天津京剧院	第三批	
128	麦秸画	津南区	第三批	
129	宫廷补绣	滨海新区	第四批	
130	“绢包镶”传统绘画	和平区	第四批	
131	泥人王彩塑	河北区	第四批	
132	蒙芯雕刻	河东区	第四批	
133	面塑(津派面塑)	河西区	第四批	
134	面塑(工艺面塑)	津南区	第四批	
135	一体多层镂空艺术木雕	红桥区	第四批	
136	天津玻璃画染磨	红桥区	第四批	
137	天津木板烙画	宁河区	第四批	
138	联升斋刺绣	南开区	第四批	
139	福禄斋张家锦衣泥人	和平区	第四批	
140	剪纸(大港剪纸)	滨海新区	第四批	
141	玉雕(津派花鸟玉雕)	河北区	第四批	
142	葫芦制作技艺(高氏押花葫芦制作技艺)	红桥区	第四批	
143	葫芦制作技艺(范制葫芦模具制作技艺)	西青区	第四批	
八、传统技艺(共计73项)				
144	风筝魏风筝(国家级)	南开区	第一批	第二批
145	杨村糕干制作工艺	武清区	第一批	
146	盛锡福毡礼帽制作技艺	和平区	第二批	
147	老美华手工制鞋技艺(国家级)	和平区	第二批	第三批

续表

序号	项目名称	申报地区或单位	市级批次	国家级批次
148	老美华中式连袖男装制作技艺	和平区	第二批	
149	老美华津派旗袍制作技艺	和平区	第二批	
150	汇蚨源吉祥手工布艺技艺	红桥区	第二批	
151	义聚永高粱酒传统酿造技艺	和平区	第二批	
152	义聚永玫瑰露酒传统酿造技艺	和平区	第二批	
153	义聚永五加皮酒传统酿造技艺	和平区	第二批	
154	天津"狗不理"包子制作技艺(国家级)	和平区	第二批	第三批
155	天津桂发祥十八街麻花制作技艺(国家级)	河西区	第二批	第四批
156	天津“耳朵眼”炸糕制作技艺	红桥区	第二批	
157	大福来锅巴菜制作技艺	红桥区	第二批	
158	子火烧、一品烧饼制作技艺	蓟州区	第二批	
159	赤土扣肉制作技艺	东丽区	第二批	
160	独流老醋酿造技艺	静海区	第二批	
161	沙窝萝卜种植与窖藏技艺	西青区	第二批	
162	古铜(银)鎏金器修复及复制技艺	河西区	第二批	
163	津门蔡氏贡掸制作技艺	南开区	第二批	
164	刘海空竹制作技艺	南开区	第二批	
165	周记宫灯制作技艺	东丽区	第二批	
166	皮影雕刻技艺	蓟州区	第二批	
167	盆罐村制陶技艺	宁河区	第二批	
168	“一掌金”速算技艺	宝坻区	第二批	
169	木版水印技艺	天津杨柳青画社	第三批	
170	葫芦制作技艺(葫芦庐葫芦制作技艺)	河东区	第三批	

续表

序号	项目名称	申报地区或单位	市级批次	国家级批次
171	许氏戏曲盔头传统手工制作技艺	和平区	第三批	
172	鹰帽子(猎鹰防护罩)制作技艺	河北区	第三批	
173	家具制作技艺(许氏木匠手工制作技艺)	河北区	第三批	
174	曹子里绢花制作技艺	武清区	第三批	
175	晒盐技艺(长芦制盐技艺)	滨海新区	第三批	
176	果仁张净香花生仁和琥珀核桃仁制作技艺	和平区	第三批	
177	崩豆张糊皮正香崩豆和七美香瓜子制作技艺	和平区	第三批	
178	七里海河蟹面传统制作技艺	宁河区	第三批	
179	老东乡中旺肠子制作技艺	静海区	第三批	
180	闫记酱制品制作技艺	北辰区	第三批	
181	至美斋酱牛肉制作技艺	红桥区	第三批	
182	汉沽“八大馇”制作技艺	滨海新区	第三批	
183	芦台春酒传统酿造技艺	宁河区	第三批	
184	兴泰德烧锅白酒酿造技艺	蓟州区	第三批	
185	曹记驴肉制作技艺	和平区	第四批	
186	桂顺斋京八件制作技艺	和平区	第四批	
187	天宝楼传统酱肉制作技艺	和平区	第四批	
188	天津煎饼果子制作技艺(德禄斋煎饼果子制作技艺)	和平区	第四批	
189	天津煎饼果子制作技艺(二嫂子煎饼果子制作技艺)	和平区	第四批	
190	天津煎饼果子制作技艺(津老味煎饼果子制作技艺)	红桥区	第四批	

续表

序号	项目名称	申报地区或单位	市级批次	国家级批次
191	清真白记水饺传统制作技艺	和平区	第四批	
192	津沽龙须面制作技艺	河东区	第四批	
193	黑豆茸传统制作技艺(妙众堂黑豆茸传统制作技艺)	红桥区	第四批	
194	冬菜制作技艺(陈官屯冬菜制作技艺)	静海区	第四批	
195	冬菜制作技艺(天津冬菜制作技艺)	和平区	第四批	
196	东马房豆腐丝制作技艺	武清区	第四批	
197	石头门坎素包制作技艺	和平区	第四批	
198	穆氏盛斋元酱制品制作技艺	北辰区	第四批	
199	田氏船模制作技艺	北辰区	第四批	
200	传统工艺鸟笼制作技艺	和平区	第四批	
201	古籍修复技艺	和平区、天津图书馆	第四批	
202	传统贴金技艺	和平区	第四批	
203	天津工艺毛猴	河北区	第四批	
204	津门蛐蛐陶罐制作技艺	河东区	第四批	
205	天津手工羊毛栽绒地毯制作技艺	河西区	第四批	
206	田氏传统木工榫卯技艺	津南区	第四批	
207	高氏空竹制作技艺	津南区	第四批	
208	民族乐器制作技艺(王氏民族管乐器制作技艺)	静海区	第四批	
209	民族乐器制作技艺(李氏胡琴制作技艺)	南开区	第四批	
210	民族乐器制作技艺(乐器张古琴制作技艺)	南开区	第四批	

续表

序号	项目名称	申报地区或单位	市级批次	国家级批次
211	传统铸剑技艺	宁河区	第四批	
212	天津戏剧靴子制作技艺	河东区	第四批	
213	津派花丝镶嵌技艺	河西区	第四批	
214	书画碑帖装裱与修复技艺	河西区	第四批	
215	粉蜡笺纸制作技艺	南开区	第四批	
216	宝坻剃头技艺	宝坻区	第四批	
九、传统医药(共计26项)				
217	天津隆顺榕中药生产技艺(国家级)	河北区	第一批	第四批
218	达仁堂清宫寿桃丸宫廷及其传统制剂工艺(国家级)	天津中新药业集团股份有限公司达仁堂制药厂	第二批	第三批
219	传统中药文化(达仁堂传统国药文化)	天津中新药业集团股份有限公司达仁堂制药厂	第三批	
220	安宫牛黄丸制作技艺(国家级)	天津中新药业集团股份有限公司达仁堂制药厂	第三批	第四批
221	宏仁堂紫雪散传统制作技艺	红桥区	第三批	
222	京万红软膏组方与制作技艺(国家级)	天津达仁堂京万红药业有限公司	第三批	第四批
223	隆顺榕藿香正气水传统制作技艺	中新药业集团股份有限公司	第三批	
224	乐家老铺沽上药酒传统制作技艺	天津达仁堂京万红药业有限公司	第三批	
225	益德成闻药制作技艺(国家级)	红桥区	第三批	第四批
226	韩氏芒针疗法	河东区	第三批	

续表

序号	项目名称	申报地区或单位	市级批次	国家级批次
227	孙氏岐黄针法	南开区	第三批	
228	传统磁石疗法	河东区	第三批	
229	中医正骨疗法(苏氏正骨术)	河北区	第四批	
230	中医正骨疗法(叶氏中医骨伤疗法)	河西区	第四批	
231	中医正骨疗法(舒筋复骨传统疗法)	红桥区	第四批	
232	中医诊疗法(荀氏经筋推拿点穴法)	滨海新区	第四批	
233	中医诊疗法(指砭疗法)	和平区	第四批	
234	中医诊疗法(北孟通督正脊推拿术)	河北区	第四批	
235	中医诊疗法(哈氏妇科医药诊疗技艺)	西青区	第四批	
236	中医诊疗法(津沽脏腑推拿)	南开区	第四批	
237	达仁堂重修乐氏世代祖传丸散膏丹引配方	天津中新药业集团股份有限公司	第四批	
238	中医传统制剂方法(达仁堂牛黄清心丸制作技艺)	天津中新药业集团股份有限公司	第四批	
239	中医传统制剂方法(郝氏抚疤灵软膏制作技艺)	武清区	第四批	
240	中医传统制剂方法(乐仁堂海马补肾丸处方及传统制作技艺)	西青区	第四批	
241	中医传统制剂方法(乐仁堂通脉养心丸处方及传统制作技艺)	西青区	第四批	

续表

序号	项目名称	申报地区或单位	市级批次	国家级批次
242	中医传统制剂方法(乐仁堂胃肠安丸处方及传统制作技艺)	西青区	第四批	
十、民俗(共计 8 项)				
243	天津皇会(国家级)	南开区	第一批	第二批
244	天津天后文化信仰	南开区、河东区	第一批	
245	葛沽宝辇出会(国家级)	津南区	第一批	第四批
246	潮音寺民间庙会	滨海新区(塘沽)	第二批	
247	独乐寺庙会	蓟州区	第二批	
248	运河文化(杨柳青段)	西青区	第二批	
249	天津茶楼文化	南开区	第二批	
250	大杨宝辇出会	东丽区	第三批	

* 来源:天津市非物质文化遗产保护中心

附录7:策展实践1:“天津”展览大纲(中英文)

天津

Tianjin

展览大纲

Exhibition Outline

前 言

天津地区的人类活动已有上万年的历史。在漫长的岁月里,随着人类足迹从北部山地向河畔海滨的延伸,这一地区经历了从不毛之地到运河城市的曲折过程,融合了多种文化的发展成就。近千年来,河、海交汇与毗邻首都的地理位置是影响古代天津发展的关键因素,由此产生了军队的屯驻、人口的聚集、漕运枢纽的形成、商品流通的兴旺。古代天津城市的不断发展为近代天津的崛起创造了条件。

鸦片战争后的一百年间,中华民族经历了半封建半殖民地的苦难历程。为争取民族独立,实现国家富强历史地成为中国人民的神圣使命,天津人民同全国人民一道在屈辱中奋起抗争,一代又一代的仁人志士,在津沽大地上进行了艰苦卓绝的探索和不屈不挠的奋斗。自洋务运动开始,天津成为近代工业文明在中国北方的传播中心、中西文化交汇的前沿和国内许多新事物的发源地。各界爱国人士纷纷在天津践行实业救国、教育救国和科学救国,使天津经济、文化等走在全国前列,成为中国北方最大的工商业城市。近代天津堪称中国百年历史的缩影，近代天津人民的奋斗，代表了中华民族在苦难中抗争、探索、觉醒、奔向光明的历程。

Introduction

The appearance of human activities in the area of Tianjin can be traced back to some 10,000 years ago. With human footprints extended from northern hilly areas to the river banks and seaside, this region underwent a metamorphosis from a bare and barren land to a city with crisscross canals blessed with the fruits of varied cultures. Tianjin was located at the convergence of the Haihe River and the Bohai Sea and Tianjin was geographically adjacent to the national capital. The special geographical location is the key factor for the growth of ancient Tianjin in the past one thousand years, because such geographical location gave rise to the stationing of the army, the concentration of population, the formation of a terminal for water transport of grain to the capital and thriving circulation of commodities. Constant development contributed to the rise of a modern Tianjin.

The one hundred years after the Opium War was a period of bitterness for China as a semi—feudal and semi—colonial country. The Chinese people was determined to spare no effort to achieve the independence and prosperity of the Chinese nation and the whole country. To attain this goal, the people of Tianjin, together with their fellow countrymen, rose up in resistance, with generations of men and women with lofty ideals throwing themselves into a most arduous exploration and tenacious struggle. Since the

Westernization Movement, Tianjin had become the center in the dissemination of the modern industrial civilization in north China, a confluence of Chinese and western civilizations, and the source-land of many new ideas and practices. People with patriotism from all walks of life in Tianjin made great effort to save the nation by means of industrial production, educational development and scientific and technological research. Such nation－saving practices in Tianjin made the city be ranking the first in the whole country in terms of economic development and cultural prosperity. Tianjin became the largest industrial and commercial in city Northern China. The past hundred years of Tianjin in modern time is China in miniature and the epitome of the Chinese nation suffering misery in its history of resistance, exploration, wakening and moving towards the light.

一、文明初晓——史前的天津

I. The Dawn of Civilization: Tianjin in Prehistory

新石器时代的天津文化至少具有两大特色：它是中国北方文化的重要组成部分，而北方文化是目前已知中国文明中最早成熟、发达起来的一种文化；它是不同文化交汇的产物，来自燕山以南和太行山以东的两种文化都在天津北部的山前平原留下了遗存，他们是天津市域内最古老的文化。

The culture of Tianjin at the Neolithic times shows among others two characteristics. One feature is that it constitutes an important integral part of the culture of North China which is the earliest mature and developed culture ever known about Chinese civilization. The other feature is that the culture of Tianjin is formed and shaped through interaction and exchange between different cultures. The culture in the area to the south of Mount Yan and the culture in the area to the east of Mount Taihang all left their remains in the piedmont alluvial plain at the northern part of Tianjin, both of which prove to be the earliest cultures within the area of Tianjin city.

二、青铜岁月——夏商周时期的天津

II. The Bronze Age: Tianjin During the Xia, Shang and Zhou Dynasties

夏、商时期,天津地区的人类文明主要是土著文化。从西周开始,外来的燕国文化逐渐融合土著文明和自北方传入的其他文化。与此同时,天津平原地区逐渐成陆,这一地区的人文历史从一开始就与自然环境的变迁相互影响。

During the Xia and Shang Dynasties, the human civilization in Tianjin was mainly the indigenous culture. From the Western Zhou Dynasty onward, the foreign culture of Yan (a state in the Zhou Dynasty) assimilated the civilization of the aboriginals and other cultures introduced from the north. Meanwhile, the plain areas were joined to form a land area. From the very beginning, the culture and history in Tianjin held a mutual influencing relationship with the changes in terms of natural environment in Tianjin.

1. 文化并存 Co—existence of Cultures

2. 沧海桑田 Interchange of Sea and Land

3. 融合土著 Integration with the Aborigines

4. 戎狄文化 Culture of the Tribes in the Border Regions

5. 诸侯相争 States vying for Supremacy

三、帝国春秋——秦朝至元代的天津

III. Spring and Autumn Period：Tianjin Between the Qin and Yuan Dynasties

秦始皇统一中国后，天津地区正式进入大一统中央集权的帝国版图。作为多民族国家历史的一部分，天津与全国大部分地区一样经历了汉唐盛世和少数民族入主中原的战乱。这一时期，天津地区经历了海河水系的形成、京师门户和漕运枢纽的确立，这些都为天津历史的进一步发展增添了动力。

After Qin Shi Huang, the first Emperor of the Qin Dynasty, unified China, the area of Tianjin was officially included into the domain of a centralized state power. As part of the history of a multinational state, like most areas of the country, Tianjin went through the times of peace and prosperity of the Han and Tang Dynasties and the chaos caused by the intrusions into the central plains by the ethnic minorities. This period also witnessed the formation of the Haihe River system, and the establishment of the status of Tianjin as the gateway to the capital city and as the hub for water transport of grain to the capital. All these helped provide the impetus for propelling the city still forward.

1. 秦并燕国

Annexation of Yan by Qin

2. 汉晋气象

Scenes during the Han and Jin Dynasties

3. 隋唐海口

Estuary in the Sui and Tang Dynasties

4. 渔阳鼙鼓

Rebels of Yuyang Beating their War Drums

5. 宋辽对峙

Confrontation Between Song and Liao

6. 佛教盛行

Prevalence of Buddhism

7. 漕运枢纽

Hub of Water Transport of Grain

四、城市时代——明清时期的天津

IV. The Age of City: Tianjin during the Ming and Qing Dynasties

永乐二年(1404 年 12 月—1405 年 1 月),明王朝在海河与南、北运河交汇处的三岔河口地区设卫筑城,天津历史进入城市时代。永乐皇帝为这座新城赐名“天津”。随着漕运、盐业及商品流通的发达,文化教育的兴盛,经过三百多年的变迁,到 1731 年(清雍正九年)设府,天津由一个军事卫所成长为一座中等规模的城市。经过进一步发展,到 1850 年前后,天津成为仅次于首都北京的中国北方第二大城市。

During the second year of Emperor Yongle's reign (December, 1404 — January, 1405), the Ming Dynasty chose the area of the estuary, where the Haihe River, the South Canal and the North Canal converge, to establish the military unit Wei and build the city. Tianjin, as a city, came into being and its development entered a new historical chapter. The name of the new city Tianjin was entitled by Emperor Yongle. For the next more than three hundred years, Tianjin's scale expanded with great rapidity with the development of grain shipping, salt industry, circulation of commodities as well as the rising and prospering of culture and education. Until the year 1731, the ninth year of Emperor Yongzheng's reign of the Qing Dynasty, Tianjin had developed from a military town into a medium-sized city. So Tianjin was established as a prefecture. With further development and growth of about one hundred years, Tianjin had become the second largest city in North China, only next to the capital city of Beijing, up until the middle of the nineteenth century.

1. 天津得名

   Being Granted the Name of Tianjin

2. 设卫筑城

   Establishment of Wei and Construction of the City

3. 国都屏障

   Shield of the Capital City

4. 撤卫设府

   Removal of Wei and Establishment of Prefecture

5. 走向繁荣

Towards Prosperity

(1)河、海漕运

Water and Marine Transport of Grain

(2)商品经济

Commodity Economy

(3)农、渔之利

Profits of Agriculture and Fishery

(4)盐业产销

Production and Marketing of Salt Industry

6. 科举人生

A Lifetime of Imperial Examination

7. 水西文韵

Harmony of Literature in Shuixi Villa

8. 民间信仰

Folk Beliefs

9. 五方杂处

A Place of Mixed Residents

五、抵御外侮

V. Resistance Against Foreign Aggression

为了扩大在华权益,1856—1860年,英法两国对中国发动了第二次鸦片战争。濒海临都的天津,开始成为西方列强自海上征服中国最重要的桥头堡,因而也是近代中国军民抵御外侮的前哨主阵地。

天津开埠后,英、美、法三国率先在天津建立了租界。随后,德国、日本、俄国、意大利、比利时和奥匈帝国又在天津划定了租界。到 1902 年，形成了九国租界，面积约相当于当时天津城厢的八倍。

In the years of 1856 to 1860, Britain and France waged a war against China, which was known as the Second Opium War, in order to obtain more rights and interest in China. Tianjin, a city facing the sea and adjacent to the capital, emerged as an important bridgehead of western powers in their campaign to conquer China from the sea, and naturally the principal battlefield in the resistance of the Chinese army and people against foreign invasion.

With the opening of Tianjin to foreign countries, Britain, the U. S. and France took the lead in establishing concessions in the city. Soon afterwards, several other countries such as Germany, Japan, Russia, Italy, Belgium and Austro－Hungary demarcated their own concessions in Tianjin. Until 1902, nine countries had set up concessions in Tianjin, with a total area eight times the size of the city itself at that time.

1. 三次大沽口之战

   Three Battles at Dagukou

2. 老西开斗争

   Battle in Defense of Xikai

3. 九国租界

   Concessions of Nine Countries

六、政治变革

VI. Political Changes

第二次鸦片战争后，直隶总督、北洋大臣李鸿章驻节天津25年，天津成为洋务运动的北方中心和近代中国的外交中心。维新变法期间，严复在天津宣传变法思想，天津成为维新运动的重镇。八国联军侵华后，为进一步探索国家出路，天津成为“新政”的实验基地。武昌起义前后，中国民主革命的伟大先行者孙中山曾三次来到天津，资产阶级立宪派的活动使天津一度成为中国北方政治运动的中心。

After the Second Opium War, Li Hongzhang, Governor of Chihli (now Hebei Province) and Minister of Peiyang, stayed in Tianjin for a good 25 years. During these years, Tianjin became the center of the Westernization in North China and the diplomatic center in modern China. During the Constitutional Reform and Modernization Movement, Yan Fu publicized and spread his thoughts on political reform in Tianjin. As a result, Tianjin became an important city for the carrying out of the nation—wide Constitutional Reform and Modernization Movement. After the Eight—Power Allied Forces invaded China, the Qing Dynasty was forced to explore a way out for the nation, and the government advanced a proposal of New Deal as a plan of political reform. Tianjin was chosen as its experimental and pilot base. Around the years of Wuchang Uprising in 1911, Sun Yatsen, the great pioneer for the Democratic Revolution in China, had come to Tianjin for three separate occasions. As a result, bourgeois constitutionalists engaged themselves in political activities in the city, which made Tianjin a center of political movement in North China for that period of time.

1. 维新变法时期的天津

Tianjin at the Time of Reform Movement

2. 直隶总督、北洋大臣李鸿章在天津

Li Hongzhang, Governor General of Chihli and Minister of Peiyang in Tianjin

3. 近代中国的外交中心

Diplomatic Center of Modern China

4. “新政”的实验基地

Experimental Base for the “New Deal”

5. 小站练兵

Troop Training at Xiaozhan

6. 辛亥革命前后的天津

Tianjin at the Time of the Revolution

7. 孙中山与天津

Sun Yatsen and Tianjin

七、经济中心

VII. Economic Center

洋务运动期间,天津在工业、交通运输等许多方面开创了中国现代化之路。此后,一些爱国企业家又在天津进行实业救国的探索,陆续兴建了一批工矿企业,逐步形成了纺织、化学和食品工业等支柱产业。与此同时,一批大型零售商场的落成标志着大都会式的商业中心全面形成,内外贸易的持续发展使天津成为中国北方最大的商品集散地,现代金融业也得到蓬勃发展。经济的发展带动了城市建设，进一步丰富了城市的载体功能。

During the Westernization Movement, Tianjin initiated the road of modernization in China in such fields as industry and transportation. Afterwards, some patriotic entrepreneurs made the attempt to save the nation by engaging in industry. They had built a number of factories, mines and enterprises, which gave shape to various pillar industries including textile, chemicals and food industry. Along with this was establishment of many large retail departments, marking the emergence of a metropolitan commercial center. The sustained and fast development of domestic and foreign trade made Tianjin the largest commodities collecting and distributing center in North China. And at the same time, the modern financial industry had gone through a prosperous development. Economic development promoted the urban construction in Tianjin and it also further enriched and gave play to the function of carrier as a city.

1. 交通枢纽

Transport Hub

2. 北方工业中心

Industrial Center in North China

3. 北方金融中心

Financial Center in North China

4. 北方外贸中心

Center of Foreign Trade in North China

5. 商业中心

Commercial Center

6. 城市建设

Urban Construction

八、中西交汇

VIII. Confluence of Chinese and Western Civilizations

从洋务运动开始，天津的近代教育就走在全国前列。进入20世纪，一批以教育、科学救国为己任的有识之士又在天津辛勤耕耘，创办了诸多享誉全国的教育、文化、科研机构。同时，西方美术、音乐、戏剧、电影等艺术形式与以京剧、评剧和曲艺为代表的中国传统表演艺术也在海河之畔交汇升华。近代文明的传入使天津的社会生活逐渐发生变化，人们的衣食住行、休闲娱乐等生活方式开始出现以商业化、城市化、社会化和快节奏为特征的变迁。

Starting from the Westernization Movement, Tianjin had been in the lead in education in modern China. In the early years of the 20th century, a number of far－sighted personages, taking saving the nation by education and science as their own mission, established nationally－renowned educational, cultural and scientific research institutions. Meanwhile, western art forms such as fine art, music, drama and film and traditional Chinese performing art forms such as Peking Opera, Pingju Opera and Quyi converged and sublimed along the banks of the Haihe River.

The introduction of modern civilization gave rise to gradual changes in the social life of Tianjin people. People's way of living such as clothing, food, housing, transportation, leisure and entertainment was characterized by the commercialization, urbanization, socialization and face—tempo life.

1. 梁启超与李叔同

Liang Qichao and Li Shutong

2. 中国新式教育的典范

Model of New Educational System in China

3. 各类教育兴旺发达

Flourish of Education

4. 中国近代自然科学、社会科学学者与团体

Scholars and Organizations of Natural and Social Sciences in Modern China

5. 大公报——中国近代最著名的报纸之一

Ta Kung Pao: One of the Most Well—known Newspapers in Modern China

6. 中国北方的话剧艺术中心

Center of Modern Drama Art in North China

7. 人口增长

Population Growth

8. 卫生医疗

Public Health

9. 衣食住行

Clothing, Food, Housing and Transportation

10. 婚丧嫁娶

Weddings and Funerals

11. 休闲方式

附录8:策展实践2:“海河之子:李叔同与天津”展览大纲(中英文)

海河之子——李叔同与天津

Son of Haihe River: Li Shutong and Tianjin

展览大纲

Exhibition Outline

前　言

Preface

李叔同(弘一大师)是中国近代伟大的文化先驱。他在文学、美学、佛学等多个领域具有开创影响,为今人留下了巨大的精神财富。他的人生经历跌宕,人格魅力高尚,曾为一个时代的楷模与典范。

Li Shutong (Master Hongyi), a great cultural pioneer of modern China, has exerted groundbreaking influence on so many fields as literature, aesthetics and study on Buddhism, leaving us countless spiritual treasures. His life is filled with ups and downs. His charming charisma, his noble personality and his lofty morality and virtues make him a role model and example of that specific era.

天津是李叔同的故乡,他一生辉煌的建树得益于这片沃土。在这里,李叔同奠定了扎实的传统学术根基,寄托着无尽的闲情与欢乐,孕育了极大的爱国热忱,迈出了人生与事业的第一步。他最难忘怀的是梦里家乡的沉沉暮雨，津沽大地也一直传颂着这位拳拳赤子。

Tianjin is the hometown of Li Shutong, where nourished him to acquire brilliant accomplishments in a lifetime. Within the time in this city, he laid a solid foundation for traditional academic research, enjoyed the never—ending happiness and leisureliness of life, deposited his profound love for his motherland as well as took the first step of his whole life and career. Li Shutong never forgot the sceneries of his hometown, while the city of Tianjin for all the time remembers and eulogizes him, her dear son.

一代艺术与佛学宗师李叔同，是天津永远的乡贤，也是天津永远的骄傲。

Li Shutong, an artistic maestro and a Buddhist master, is one out of the most outstanding Tianjin people and will be a forever pride of the city.

第一单元：津门故家子

1. Tianjin, the Hometown

【单元说明】近代，天津为北方商业中心与文化重镇。李叔同家族世代居此，以经营盐业、钱业致富，同时大力从事地方慈善事业，以善行义举著称乡里。殷实家境与良好门风为李叔同的成长奠定了坚实基础。

The modern Tianjin boasted the commercial center and an important cultural city in North China. Li Shutong's family had lived in Tianjin for generations, who obtained their wealth through salt industry and banking business and were noted as great philanthropists in the city. Li Shutong was born in a well—off family which had good family traditions. Such a family condition laid a solid and positive basis for Li Shutong's growth and development.

第二单元:少年好古主

2. A Young Fancier of Classical Culture

【单元说明】少年时代的李叔同醉心于古典传统文化,如其师友所称"李子叔同,好古主也"。在接受正统教育的同时,他对多个领域的文化艺术皆喜爱精通,并与津门众多文化名流交游往还,博采众家所长,为其日后成就打下了坚实基础。

The young Li Shutong was keen on the classical and traditional Chinese culture, thus called as a "fancier" by his teachers and friends. Besides the school education, he was fond and had an intimate knowledge of multiple cultural and art fields. He ever associated and communicated with many local cultural celebrities, absorbing and learning widely from their strong points, which well benefited his career later in his life.

第三单元:新时代杰士

3. Progressive in the New Times

【单元说明】李叔同生活在一个大变革的时代,故乡天津是当时中西文化交融的前沿。随着新思潮的涌入,李叔同逐渐生发出对新学的渴望,并自觉探求维新强国之路。同时,饱受战火肆虐的故土家园,又使他此志向更加坚定。

Li Shutong lived in a revolutionary age, and his hometown Tianjin, where he spent his juvenile years, was among the first cities experiencing the fusion of western and Chinese cultures. With the new thoughts springing up, Li Shutong was gradually enlightened to turn his attention to new learning. At the same time, his hometown was torn by the warfare which made him stay more resolved to seek for the road of reform and modernization in order to build a stronger China.

第四单元:斯土育斯人

4. The Outstanding Son of Tianjin

【单元说明】李叔同是中国从传统迈向现代文明时期重新构建民族精神与民族文化的先行者。他在戏剧、音乐、美术、教育等多个领域取得了开创性的卓然成就。这与其在天津打下的文化坚实基础密不可分,与天津引领近代文明的先进地位密不可分。

Li Shutong was one of the pioneers who reconstructed the national culture and spirit during China's transitional period from an old traditional society to a modern civilized one. He had made groundbreaking and remarkable contributions in various fields including drama, music, painting, and education, which was definitely inseparable with his early life experience in Tianjin, a pioneer city in China's modern civilization.

1. 中国话剧的奠基人

Founder of Stage Play in China

2. 中国近代启蒙音乐家、传播西方音乐的先驱

Enlightening Musician and Pioneer of Spreading Western Music in Modern China

3. 中国近代传播西方美术的先驱

Pioneer of Spreading Western Art in Modern China

4. 中国近现代新式艺术教育的开拓者

Pioneer of New Art Education in Modern China

5. 中国近现代文学领域的先驱模范

Pioneer and Role Model in Chinese Modern Literature

结束语

Epilogue

李叔同的青少年时代是在天津度过的，有着深厚的人脉与文脉。虽然在他取得辉煌成就之时，已经远离了故土，但他的文化艺术底蕴却深深地植根于天津。

Li Shutong's juvenile years were spent in Tianjin, which made him closely connected with his hometown. His career sprouted and finally blossomed with his cultural and artistic deposits deeply rooted in this city, even though he had left his hometown before he reached his peak times.

天津是李叔同出生的地方，天津是成就他一生事业的基石，更是孕育这位一代艺术与佛学宗师的摇篮。

Tianjin is the place where Li Shutong was born, Tianjin is the cornerstone upon which he has accomplished brilliant achievements in his lifetime career, and what's more, Tianjin is the cradle of this artistic maestro and Buddhist master.

附录9:天津市博物馆文创产品案例

太保鼎的卡通形象

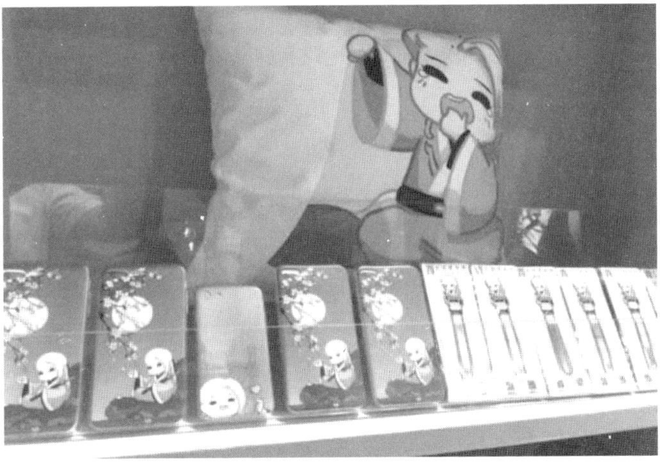

MUSEUM

《天博日历》

天博日历
公历二〇二〇年
天津博物馆 编
二〇二〇年
庚子年
2020年天津博物馆首次推出
天博日历
精彩呈现
天津出版传媒集团

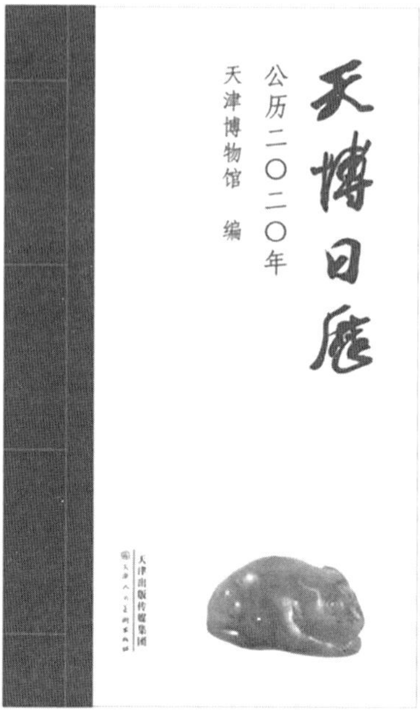
天博日历
公历二〇二〇年
天津博物馆 编
天津出版传媒集团

2020年天津博物馆首次推出

Canon
EOS

立夏
五月五日 星期二
二〇二〇年

福

禄

壽

喜

二〇二〇年·庚子年·农历六月初二

大暑

晋·王羲之·圣教序

七月廿二日 星期三

清雍正　二年试乙号样款粉彩荷花纹盘

敞口、曲壁、圈足。盘里白釉上以粉彩绘荷花盛开之景色，碧绿的荷叶向背翻转，随风摇曳，粉嫩的荷花亭亭玉立，含娇吐艳，三两嫣红摹，芙蕖点缀其间。外壁鱼子纹锦地开光，呈如意云头形，内绘折枝花卉纹。纹饰绘画精工，布局疏密有致，色彩雍容华贵，浓重艳丽而又不失清雅之趣。圈足内暗刻楷书“二年试乙号样”六字双行双圈款。由盘底暗刻款识可知此盘即雍正二年（1724年）将要呈献给皇帝御览的一件试烧样品，极为少见。

二〇二〇年·庚子年·农历五月初五

端陽

汉·史晨前后碑

六月廿五日 星期四

剪纸五毒加虎葫芦

农历五月被认为是“毒月”，有“五毒”会影响人的健康和运势，所以要装饰、佩戴祛毒的物品。除了在居室中悬艾叶避五毒外，天津人还时兴驱毒邪的剪纸。这幅剪纸剪出了蜈蚣、蝎子、癞蛤蟆、蜥蜴、蛇这“五毒”，又剪出葫芦和老虎用来镇邪。

清光绪　高桐轩绘杨柳青年画　拱向蟾轮

中秋节，农历八月十五日。以往天津人中秋要祭祀月神，称圆月。此祭只能由女性完成，有俗语称"男不圆月，女不祭灶"。此外，还要吃月饼。过去，很多天津人在家里做月饼。

二〇二〇年·庚子年·农历八月十五

中秋

十月一日　星期四　国庆节

汉·史晨前后碑

清　张玉亭制麻姑彩塑

麻姑是神话传说中的女神仙。有关她的艺术作品多是用来祝寿的，麻姑形象多为女性祝寿用。这件作品用"泥人张"捏塑侍女的手法创作，表现出人物婀娜的体态。张玉亭，名兆荣，以字行，"泥人张"第二代代表人物。

二〇二〇年·庚子年·农历五月廿九

十九日

七月　星期日

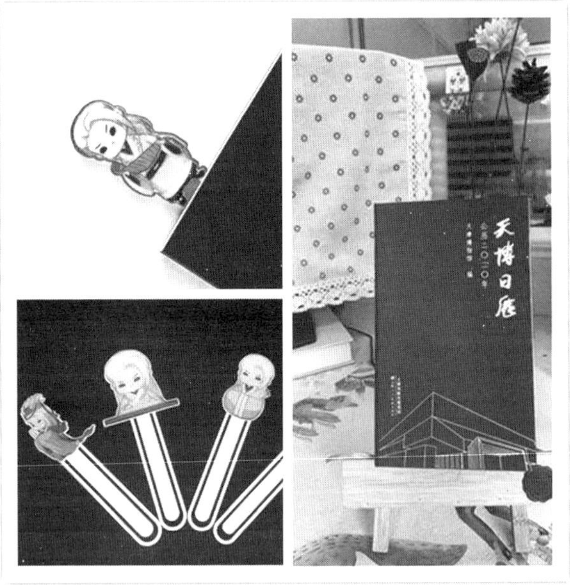
天博日历

参考文献

[1] 白远.中国文化创意产业发展与产品内外需求[M].北京：经济管理出版社,2017.

[2] 本刊记者.为文化的天津代言——访天津博物馆负责人、原天津市艺术博物馆馆长陈卓[J].中国文化遗产,2005(2),54—57.

[3] 陈凌云.博物馆文化创意产品开发研究[M].上海:上海社会科学院出版社,2019.

[4] 陈履生.2003年以来国博学术研究工作与成果综述[J].中国国家博物馆馆刊,2012(8),62—66.

[5] 陈履生.国家收藏文化共享[N].人民日报,2012—12—27.

[6] 陈履生.引进输出 国家态度——从《道法自然——大都会艺术博物馆精品展》谈起[J].中外文化交流,2013(6),66—69.

[7] 陈履生.中国国家博物馆2011—2015年学术工作总结报告[J].中国国家博物馆馆刊,2016(6),13—20.

[8] 陈儒斌.收藏与展览是艺术博物馆的核心竞争力——以纽约大都会博物馆为例[J].中国博物馆,2013(1),30—35.

[9] 陈卓.浅议博物馆陈列对彰显区域文化的贡献——以天津博物馆"中华百年看天津"陈列的社会效应为例[J].湖南省博物馆馆刊,2010(7),679—684.

[10] 窦金花,郑艳玲.天津非物质文化遗产的现代设计研究[J].兰台世界,2013(23),50—51.

[11] 封琳.陕西绥德汉画像石馆的文创产品设计研究[D].西安理工大学,2019.

[12] 冯倩倩,黄洋.基于4P的博物馆文化产品的营销浅析——以两岸故宫博物院为例[J].中国博物馆文化产业研究,2015(0),435－442.

[13] 龚滟.论美国文化输出战略[J].燕山大学学报(哲学社会科学),2003(3),63－67.

[14] "海上画派(1840－1920)——上海博物馆绘画和书法作品展"巴黎开展[J].美术教育研究,2013(7),6.

[15] 韩竞,班琛.天津博物馆文化创意产品设计应用策略研究[J].艺术与设计(理论),2015(8),115－117.

[16] 韩翊玲.提升我国博物馆对外展览对策研究[D].复旦大学,2011.

[17] 何洋,苏晶晶,郭子淳,吴狄,乐凡,张文珠.中美博物馆数字化藏品结构设置比较[A].融合·创新·发展——数字博物馆推动文化强国建设——2013年北京数字博物馆研讨会论文集[C].北京:中国传媒大学出版社,2014:138－147.

[18] 胡雪峰.浅析博物馆的文化传播模式[J].安徽电子信息职业技术学院学报,2007(1),12－13.

[19] 江静.新西兰国家博物馆举行中国历史和艺术展[OL].新华网,2014年3月27日.[2019－07－10]https://news.artron.net/20140327/n584876.html

[20] 江天若.博物馆文创产品开发研究——以台北故宫博物院和苏州博物馆为例[D].陕西科技大学文博,2016.

[21] 蒋肖斌.故宫门票可上阿里巴巴预订[OL].中青在线,

2015年6月29日[2019－07－20]http://zqb.cyol.com/html/2015－06/29/nbs.D110000zgqnb_01.htm

[22] 李博雅,岳敏静.文化输出的功能与发展探索——以博物馆为阵地[J].文博,2015(1),65－70.

[23] 李虹霖,蒋名未.创新 发展 共赢——走近中国国家博物馆文化产品[J].中国博物馆,2012(4),24－28.

[24] 李季,杨长青.故宫博物院近期对外及港澳台地区的文化交流[J].故宫博物院院刊,2012(3),6－15.

[25] 李中义.博物馆文化品牌与当代文化城市建设[N].中国文物报,2011－12－28.

[26] 林琰.数字化博物馆建设发展规划路径探讨[J].江南论坛,2014(4),52－53.

[27] 刘杨.中国文化产品国际竞争力提升研究——基于文化企业与政府的视角[M].北京:中国社会科学出版社,2017.

[28] 刘茵.5·18 一起约会博物馆 走进文创热潮下的博物馆[OL].天津日报,2018年5月12日.[2019－07－10] http://news.enorth.com.cn/system/2018/05/12/035504975.shtml

[29] 陆建松.博物馆展览策划:理念与实务[M].上海:复旦大学出版社,2019.

[30] 陆建松,韩翊玲.我国博物馆国际交流与合作的现状、问题及其政策思考[J].四川文物,2011(3),89－96.

[31] 罗宗真.世界艺术品的宝库——美国纽约大都会博物馆参观记[J].东南文化,2002(8),88－93.

[32] 马大东.文化遗产的捍卫与展现——天津博物馆的足迹[J].中国文化遗产,2005(2),15－17.

[33] 潘登，刘宗元. 博物馆中新媒体展示的文化传播与情感传达——以台北故宫博物院“乾隆潮”特展为例[J]. 新闻爱好者，2015(3)，83－85.

[34] 单霁翔. 博物馆使命与文化交流合作创新[J]. 四川文物，2014(3)，83－96.

[35] 单霁翔. 把壮美的紫禁城完整地交给下一个 600 年[J]. 新华月报，2015(3)，47－51.

[36] 单霁翔. 博物馆的陈列展览[M]. 天津：天津大学出版社，2017.

[37] 单霁翔. 博物馆的文化传播[M]. 天津：天津大学出版社，2017.

[38] 单霁翔. 博物馆的文化责任[M]. 天津：天津大学出版社，2017.

[39] 上海博物馆，中国博物馆学协博物馆管理专业委员会. 智造展览——博物馆馆长讲博物馆 2[C]. 北京：北京大学出版社，2014.

[40] 尚洁. 努力发挥特色 体现自身价值——前进中的天津民俗博物馆[J]. 民俗研究，1998(2)，79－83.

[41] 申冰. 基于青少年群体特征的文创产品设计研究——以洛阳博物馆为例[J]. 工业设计，2018(2)，27－28.

[42] 沈长智. 天津近代历史文化资源的旅游价值分析[J]. 天津商学院学报，2006(6)，25－27.

[43] 沈清松. 历史性、文化空间与文化产业[J]. 深圳大学学报，2003(3)，108.

[44] 沈婷，郭大泽. 文创品牌的秘密——从创意、设计到营销

[M].南宁:广西美术出版社,2017.

[45] 时亚梅.中国文化输出的必要性与对策探析[J].理论观察,2014(4),60-62.

[46] 宋少维.浅谈县级博物馆文创产品的开发与利用[J].文物鉴定与鉴赏,2018(16),100-101.

[47] 宋宇晟.故宫快闪店两天卖断货 文创产品如何吸引年轻人?[OL].中国新闻网,2018年2月8日.[2019-07-10]http://www.xinhuanet.com/2018-02/08/c_1122384573.htm

[48] 天津博物馆.天津人文的由来[M].北京:文物出版社,2013.

[49] 天津博物馆.中华百年看天津[M].北京:文物出版社,2013.

[50] 王菁.堆积天津厚重的古代文化遗存——探访天津元明清天妃宫遗址博物馆[J].天津支部生活,2013(8),23-24.

[51] 王静,王玉霞.首都文化旅游产品质量评价指标研究——以北京博物馆文化旅游产品为例[M].北京:知识产权出版社,2016.

[52] 王亚民.故宫文创记[M].保定:河北大学出版社,2018.

[53] 王亚民.故宫展陈记[M].保定:河北大学出版社,2018.

[54] 王遥.故宫博物院文创产品成功之道试析[J].时代金融,2018(33),104-105.

[55] 王迎霞.天津"泥人张"艺术特色及其保护[J].大众文艺,2011(17),189.

[56] 王岳川.文化输出:重返世界的中国话语[OL].王岳川工作室,2019年2月1日.[2019-07-01]http://www.jinciwei.cn/

k535854.html

[57] 王岳川.文化战略[M].上海:复旦大学出版社,2010.

[58] 文化部文化产业司,国家文物局博物馆与社会文物司.文化文物单位文创产品开发案例集[M].北京:文化艺术出版社,2018.

[59] 文述.台北故宫博物院的文化创意之路[OL].发布方,2015年4月23日.[2016—07—23]http://catsc.ccmedu.com/HTML/20150422210915.html

[60] 杨帆.浅议博物馆文化产品的开发及营销——以大英博物馆和卢浮宫博物馆为例[J].故宫博物院院刊,2013(4),20—28.

[61] 杨咏,马越.天津民俗文化元素的文创设计研究[J].艺术与设计:理论版,2018(1),106—107.

[62] 虞鹰.故宫文创儿童体验店正式开放 适龄儿童免费体验[OL].华夏经纬网,2016年6月2日.[2019—08—01]http://www.huaxia.com/zhwh/whxx/2016/06/4867295.html

[63] 张尧.基于博物馆资源的文化创意产品开发设计研究[D].苏州大学,2015.

[64] 赵文刚,郑宝芳.海洋文化与元明清天妃宫遗址博物馆[J].中国博物馆,2002(3),87—90.

[65] 中共中央办公厅 国务院办公厅印发《国家"十三五"时期文化发展改革规划纲要》[OL].新华社,2017年5月7日.[2019—07—01]http://www.gov.cn/zhengce/2017—05/07/content_5191604.htm

[66] 周静.融合传统文化和大数据 提供文化型互联网产品——贵阳孔学堂文化产业集群蓄势待发[N].贵州日报,2014—

11—28(13).

[67] 翟群.故宫文化借网“飞入寻常百姓家”[N].中国文化报,2016—07—04.

[68] 邹霞.论博物馆文化的内涵与品质[J].湖北行政学院学报,2004(2),89—91.

后　记

本书系天津市艺术科学规划项目“天津市博物馆国际性文化输出策略研究”的研究成果。书稿共由五个部分组成。第一部分以概念界定为出发点，厘清博物馆国际性文化输出的定义、意义和目的、层次、内容、形式以及对象等概念，搭建本研究的理论框架。第二部分是针对欧美、国内、天津市博物馆的国际性文化输出策略、对外展览、文创产品所开展的调研。第三部分是本书重点，基于调研结果提出了天津市博物馆国际性文化输出的可行性策略，包括天津市博物馆国际性文化输出中的政策机制建设，对外展览的输出渠道平台、内容和形式，文创产品开发和推广的原则和策略。第四部分和第五部分将理论和策略应用于实践，开展对外展览的策展实践和文创产品的开发实践。

本书在梳理近年来天津市博物馆在文化输出领域总体情况的同时，综核其采取的多类方式，进而揭示其经验与不足，并以此为基础，致力于系统探究，为天津市博物馆国际性文化输出开出“良方”，在改善政策环境、维护沟通渠道、提升博物馆软实力，以及增强博物馆国际意识等方面提供策略，从而达到为天津市博物馆国际性文化输出消除“软肋”的效果。同时，对以对外展览和文创产品为媒介的输出形式进行深入探究，这不仅为博物馆如何在“家门口”完成文化有效输出提供策略建议，更可直接为博物馆找到实现文化产业发展与文化输出创新的着力点。

本研究要进一步加强与相关博物馆的沟通，走访在文化输出领域具有代表性的天津市域内的博物馆，如天津博物馆、一些代表性的民办博物馆，了解其文化输出具体做法，掌握其在文化输出领域的具有典型性的成功案例的具体情况，并在充分掌握实际情况和具体做法的基础上，提炼出更加具体的天津市博物馆国际性文化输出可采取的方案，在对外展览策展和文创产品开发方面做出更加深入、具体的实践尝试。

姚旸为本书博物馆国际性文化输出策略调研部分的撰写提供较大支持和帮助，在此特此感谢。

周健

2020 年 6 月于天津建园